中国武术与日本武道现代化转型的比较研究

周春晖 著

苏州大学出版社

图书在版编目(CIP)数据

中国武术与日本武道现代化转型的比较研究 / 周春晖著. —苏州：苏州大学出版社，2021.12
ISBN 978-7-5672-3831-2

Ⅰ.①中… Ⅱ.①周… Ⅲ.①武术—对比研究—中国、日本 Ⅳ.①G85

中国版本图书馆 CIP 数据核字(2021)第 265602 号

书　　名：	中国武术与日本武道现代化转型的比较研究
著　　者：	周春晖
责任编辑：	孙志涛
助理编辑：	曹晓晴
装帧设计：	刘　俊
出版发行：	苏州大学出版社(Soochow University Press)
社　　址：	苏州市十梓街 1 号　邮编：215006
印　　刷：	镇江文苑制版印刷有限责任公司
邮购热线：	0512-67480030
销售热线：	0512-67481020
开　　本：	710 mm×1 000 mm　1/16　印张：11.75　字数：158 千
版　　次：	2021 年 12 月第 1 版
印　　次：	2021 年 12 月第 1 次印刷
书　　号：	ISBN 978-7-5672-3831-2
定　　价：	55.00 元

若有印装错误，本社负责调换
苏州大学出版社营销部　电话：0512-67481020
苏州大学出版社网址　http://www.sudapress.com
苏州大学出版社邮箱　sdcbs@suda.edu.cn

目 录

第一章　绪论 / 1

第一节　研究背景 / 1
第二节　研究意义 / 3
第三节　研究思路、研究内容与研究方法 / 3

第二章　相关理论阐释 / 5

第一节　现代化相关理论阐释 / 5
第二节　中国武术现代化相关理论阐释 / 10
第三节　日本武道现代化相关理论阐释 / 22

第三章　中国武术与日本武道现代化历程回溯 / 26

第一节　中国武术现代化历程回溯 / 27
第二节　日本武道现代化历程回溯 / 41
第三节　案例分析：日本武道技术层面现代化转型研究——以剑道为例 / 50

第四章 中国武术与日本武道现代化转型指标分析 / 63

第一节 中国武术与日本武道普及指标分析 / 64

第二节 中国武术与日本武道竞技指标分析 / 66

第三节 中国武术与日本武道信息指标分析 / 69

第四节 中国武术与日本武道管理指标分析 / 72

第五节 中国武术与日本武道文化指标分析 / 73

第六节 日本武道现代化转型对中国武术的启示 / 74

第五章 对中国武术现代化的再审视与再反思 / 75

第一节 中国武术现代化转型的"变"与"不变" / 75

第二节 中国武术现代化的"异化" / 85

参考文献 / 114

附录 / 118

附录一 中国武术与日本武道现代化发展评价指标列表 / 118

附录二 访谈提纲 / 121

附录三 访谈专家明细 / 122

附录四 武术套路竞赛规则与裁判法（节选） / 123

第一章 绪 论

现代化是指人类社会从传统社会向现代社会演进的社会变迁过程。中国武术博大精深,在几千年的历史洗礼中不断吸取时代精华,逐渐成为一种优秀的民族文化,它属于体育,却高于体育。在社会现代化发展的大背景下,武术作为中华民族传统体育的代表,需要不断适应社会,不断丰富与更新自身体系,开拓新的发展空间。武术现代化与社会现代化和谐一致不仅是时代发展的必然要求,也是武术自身发展的内在要求。使中国武术适应现代社会并科学合理地实现现代化意义重大。而如何衡量武术现代化发展水平,这就需要武术研究者对武术现代化发展进行审视与反思,运用科学的评价指标体系来客观评价武术现代化发展水平,并从其他国家武技项目现代化发展中吸取经验和教训,从而为中国武术的未来发展提供一定的理论依据与实践参考。

第一节 研究背景

2020年1月8日,在瑞士洛桑举行的国际奥委会执委会会议通过了"将武术列入2022年在塞内加尔首都达喀尔举行的'第四届青年奥林匹克运动会'正式比赛项目"的决定,届时,来自世界有关国家和地区的运动员将参加武术项目"男、女长拳全能"和"男、女太极拳全能"四个小项的比赛,这是武术首次成为奥林匹克系列运动会正式比赛项目，标志着武术围绕"奥运会"主题制定的一系列方针取得阶段性成功，也标志着中国武术现代化转型取得了一定成果。日本武道与中国武术在一定程度上同宗同源，具有相似的文化基础，其中，柔道和空手道（2020年东京奥运会正式比赛项目）相继成为奥运项目，标志着日本武道现代化发展取得巨大成就。

从武术的现代化进程来看，时至今日，武术的内容体系经过不断改革焕然一新，那么是何种动力在不断推动武术发展？武术在这种推动力的作用下做出了哪些改变？武术在日后现代化发展中应当怎样把握尺度与方向？日本武道项目现代化转型成功对中国武术的现代化发展有哪些启示？基于此，本研究选取与中国武术文化同源，且因现代化改革成效显著而跻身世界先进体育文化之列的日本武道作为"他山之石"，从"入奥"角度，寻求中国武术现代化发展的有益启示。

武术是中国传统文化的代表，历史悠久、内容丰富，随着时代更迭和社会变迁形成了具有自身特色的文化特点，因此，从现代化的角度来看，文化性与传统性是武术最突出的特色。武术这种具有明显传统性质的文化载体是否需要现代化是研究者要思考的问题，也是武术现代化研究的起点。

在经济全球化的今天，现代化发展是融入时代发展潮流的必经之路，中国也早已开始推进现代化转型，集中力量进行现代化建设，其中发展现代政治、现代文化是重中之重。武术作为中华传统文化的代表，其现代化发展之路是需要深入探讨和反复思考的。现代社会对武术的需求为武术现代化发展指明了方向，完成好现代社会赋予武术的任务就实现了武术的时代价值。

第二节 研究意义

一、理论意义

本研究基于现代化理论对中国武术与日本武道进行剖析,并从横向和纵向两个维度对二者进行对比分析,明确中国武术现代化转型的目标、任务。这有助于中国武术的对外发展,进一步提高国际社会对武术的认识,丰富和完善武术传播理论与实践。

二、实践意义

本研究在理论研究的基础上紧紧围绕中国武术现代化转型过程中遇到的突出问题与困境,提出中国武术现代化转型的新路径、新模式、新对策。这有助于解决新时代武术在发展过程中出现的诸多现实问题,为中国武术文化走出去探索新思路、寻找新方法,提高武术文化的国际影响力和国际话语权,增进国际民众对中国武术文化的认同和接纳,推进中国方案"体育强国"建设。

第三节 研究思路、研究内容与研究方法

一、研究思路与研究内容

本研究以中国武术与日本武道现代化转型的比较为研究对象,通过对中国武术与日本武道发展现状的梳理,从文化、制度、器物层面剖析日本武道现代化转型的措施,结合中国武术现代化转型的历史进程,提出日本武道现代化转型对中国武术现代化发展的启示。

第一部分:在现代化理论支撑下,对中国武术现代化转型的必要

性、重要性及现代化、民族传统体育项目现代化、武术现代化等多层概念进行阐述,充分厘清相关理论内容。

第二部分:对中国武术与日本武道的现代化发展进行历史追溯,从思想、文化、技术等多个层面进行分析,并进行对比研究。

第三部分:对比分析中国武术与日本武道的现代化转型,从横向和纵向两个维度进行分析。

第四部分:总结分析日本武道现代化转型对中国武术现代化发展的启示。

二、研究方法

(1) 文献资料法:对中国武术和日本武道现代化转型的历史进程、改革措施等进行梳理与分析。

(2) 实地调查法:前往日本"东武馆""北辰一刀流""公明馆""筑波大学图书馆"等地,运用观察、视频记录、语音录音等手段收集资料,考察了日本武道项目发展变迁历程,并在2017年至2020年间以运动员身份参加了在苏州大学举办的"中日大学生剑道交流赛""日本广岛大学交流赛""中日亲善剑道交流大赛"等赛事,赛中向学生了解了武道在日本的发展现状。

(3) 专家访谈法:对研究日本武道的学者香田郡秀、大石纯子、佐藤成明等进行以日本武道现代化发展为主题的访谈;同时对研究中华民族传统体育的学者进行以武术"入奥"、武术现代化发展为主题的访谈,并就"入奥"指标的选取征求了相关专家的意见。

(4) 个案研究法:分析剑道、空手道等项目的现代化发展对日本武道现代化转型的推动作用。

(5) 质性研究法:运用 CiteSpace 软件对中国武术现代化转型现状进行质性研究,为本研究提供数据支撑,以利于问题的分析。

第二章　相关理论阐释

现代化是世界各国发展的共同趋势和目标，主要体现在经济现代化、政治现代化、文化现代化等方面，现代化水平在一定程度上展现了一个国家、一个民族的发展历程和发展状态。中国武术作为中国传统文化的代表，其现代化是中国文化现代化的一部分，其现代化发展程度体现中国文化现代化发展水平，因此中国武术现代化是中国现代化建设中的一个重要分支。关于现代化的一般理论，首先涉及的是现代化的内涵、基本内容、主要特征等，了解和分析它们是研究和对比分析中国武术与日本武道现代化发展的基础。

第一节　现代化相关理论阐释

一、关于现代化理论的起源

"现代化"的基本词义一般是指辞典或者字典里有关"现代化"的解释或者定义，涉及对现代化的简单理解和习惯用法。因此，分析"现代化"的基本词义，有助于我们搞清楚现代化的含义，帮助我们加深对现代化的理解，同时也有助于我们对武术现代化下定义。

"现代化"一词是由"现代"一词衍化而来的。"现代化"一词的英文是 modernization，它是一个动态名词。modernization 是从 modernize

和 modern 衍生出来的。根据《韦氏词典》的解释，modern 是形容词，它具有两层含义：一是表示状态性质，指现代的、时髦的；二是表示时间，指现代的，大约自公元 1500 年开始一直到现今的历史时期，也就是西方划分历史中的中世纪后的现代史时期。这两层含义在性质上没有领域限制，适用于人类活动的各个领域；在时间的范围上只规定了开始时间，没有规定结束时间。modernize 是动词，其含义为"使其现代化"，或者"成为具有现代化特点的，使其适合现代化的需要"。由此，modernization 就包含了两种含义：一是实现现代化的过程；二是实现现代化的状态。也就是说，"现代化"既可以表示一个成为具有现代化特点的事物的发展过程，也可以表示在这个过程中新发生的变化，或者最新的变化（最先进的水平）。

综上可知，"现代化"是指自公元 1500 年以来的新变化、新特点，在时间尺度上指中世纪结束以来一直延续到今天的一个发展过程，在价值尺度上指区别于中世纪的新时代精神与特征。

对"现代化"进行词义分析，有助于我们更好地诠释"现代化"的含义。对现代化含义进行科学分析就是从专业理论层面解释"现代化"的基本范畴，其中包含了现代化的方方面面，涉及现代化的内涵、本质属性、结构等。

迄今为止，学界对"现代化"的理解和表述仍存在一定差异，对"现代化"并没有统一的定义。为了更加深刻地理解"现代化"，有必要对专家、学者的观点和理论进行梳理，从而为武术现代化定义的诠释奠定基础。

关于现代化的含义，马崇明认为，所谓现代化，首先是"化"的问题，它是人类理性的选择，即社会发展主体已经认识到变化的基本方向和变化的必要性，这是现代化与近代以前社会变迁的区别；其次，现代化就是社会发展主体以现代科学技术在生产过程中的广泛应用为契机，引起经济、社会和政治结构的根本改变。因此，马崇明对现代化的定义为：现代化就是指工业革命以来，随着科学技术在生产过程中的广泛应用，社会生产力得到巨大发展及社会结构发生根本改变的过程。①

何传启提出了两次现代化的理论，并具体阐述了两次现代化的含义。他认为，从总体上看，现代化是指18世纪工业革命以来人类社会所发生的深刻变化，包括从传统经济向现代经济、传统社会向现代社会、传统政治向现代政治、传统文明向现代文明转变的过程；它既发生在先进国家的社会变迁里，也存在于后进国家追赶先进国家的过程中。第一次现代化，即经典现代化，是指从农业时代向工业时代、农业经济向工业经济、农业社会向工业社会、农业文明向工业文明转变的过程；第二次现代化，即新现代化，是指从工业时代向知识时代、工业经济向知识经济、工业社会向知识社会、工业文明向知识文明转变的过程。②

二、关于现代化概念的剖析

"什么是现代化"是现代化概念所要回答的问题，在综述国内专家、学者的理论观点后，我们需要进一步对现代化的概念进行剖析，为定义武术现代化奠定扎实的理论基础，在充分思考武术现代化的内涵、特点、内容等的基础上，为武术现代化指明方向。

（一）现代化是一个综合的概念

概念是人的理性认识和思维形式，是对客观事物的反映。现代化概念所反映的人类社会的转化和变迁是复杂的，是一个系统的多个领域和不同层次相互作用下的转变，这就决定了多视角、多层次认识现代化的必然性，以及各个学科对现代化的定义具有差异性。我们已经认识到，从经济学、政治学、社会学、历史学等视角理解现代化都在一定程度上

---

① 马崇明. 中国现代化进程［M］. 北京：经济科学出版社，2003：10.
② 何传启. 东方复兴：现代化的三条道路［M］. 北京：商务印书馆，2003：209.

揭示了现代化这一对象的客观属性和基本特征，但不能仅从单一视角理解现代化，因为片面理解现代化就如同"盲人摸象"，只有综合认识现代化这一对象，才能进一步理解现代化的本质，把握现代化发展的整体趋势。

(二) 现代化与工业化的关系

"现代化不等同于工业化"的观点已经得到现代化研究学界的普遍认可。但工业化是现代化的原动力。在工业进步的历史背景下，人类社会才有了新的变革，出现了从农业社会向现代社会的转变，进而引起经济、政治、文化等社会领域的深刻变革。换言之，工业化是传统社会向现代社会转变的基本标志。罗荣渠曾指出，工业革命以前的近代与中世纪的历史连续性是明显的，社会各方面的变化是缓慢而渐进的，唯有工业革命以来的变化是跳跃而加速的，构成一个具有共同特征的新的转型过程。从以上分析不难发现，现代化绝不是工业化，但没有工业化，现代化是不可能实现的，工业革命的作用是为现代化奠定基础。

(三) 传统与现代的关系

现代化并不一味强调现代因素，其中也包含传统因素，两者并不是对立存在的。众多针对现代化的研究都对传统社会向现代社会转变的过程进行了阐述，并列举两种社会形态的一些特征进行对比分析，这种方法也被称为现代化研究的"二分法"。由此，我们不难看出，要理解现代化的概念，就不可能回避传统与现代的关系。

传统与现代的划分不是绝对的，两者也不是完全对立的，我们要深刻认识这一点。传统社会与现代社会都有其特点，可以明显区分开来，但这绝不是指两者之间有一条明确的界线，以这条界线来划分传统社会与现代社会。从传统社会向现代社会转变是一个漫长的动态过程，这样的转变充满了复杂性和艰难性。例如，传统社会有现代的因素，而现代社会也有一些传统的因素，现代化的过程更多的是改造传统因素，并添加现代因素的过程。在这一过程中，一些传统因素不仅可以与现代因素同时存在，而且也可以与现代因素相结合。因此，客观地认识传统与现代，不再把传统与现代的关系视为简单的相互排斥的关系，成为理解现代化的新理念。

（四）现代性与现代化的关系

现代化既是目标又是过程，由此引出现代化与现代性的关系问题。现代性是现代化的结果，是现代社会的基本特征与目标。现代化可以说是展开了的、现实化了的现代性。吴忠民指出，现代性是一种基本的结果与状态，对于发展中国家来说，现代性是一个目标体系。现代性的"化"，也就是现代社会的实现过程。现代性与现代化是同属于现代化概念的两个层面，现代性是相对稳定的，被视为静态特征与指标；现代性的"化"是现代化的历史过程，被视为动态过程。认识和理解现代化，既要关注现代化的结果，即现代性，又要关注现代化的过程，即实现现代性的过程。

现代化是一个综合的、全面的概念，了解现代化的基本内容，有助于界定武术现代化的基本内容。

现代化的基本内容可以从多方面进行划分，如从物质、制度、观念层面进行划分，其中又包括不同的子内容，如在经济领域，现代化的基本内容包括工业现代化、农业现代化、科技现代化等方面。总体上，对于现代化基本内容的划分，主要有以下两种：一种是现代化的五个方面，即经济现代化、政治现代化、文化现代化、社会现代化和人的现代化；另一种是不强调人的现代化，注重经济、政治、文化、社会四个方面的现代化。这两种划分既存在相似之处也有一定的差异，即五个方面的现代化强调了人的现代化与经济、政治、文化、社会的现代化同等重要。

第二节 中国武术现代化相关理论阐释

一、体育现代化相关理论阐释

国内关于体育现代化的研究是从 20 世纪 80 年代开始的，我国最早关于体育现代化的著作是熊斗寅的《体育现代化》，进入 21 世纪后，关于体育现代化的研究逐渐丰富，出现了一批相关著作，如周登嵩的《体育现代化综览》、丁晓昌的《学校体育现代化理论构建与实践探索》等。

体育现代化理论是现代化理论发展到一定阶段的产物，伴随着现代化理论研究的不断深入而逐渐完善。我国早期关于体育现代化的论述主要为熊斗寅提出的体育科学化，熊斗寅认为体育现代化主要就是体育的科学化，也就是把现代最新的科技成果和理论知识在体育中广泛应用，从而使学校体育、竞技体育和群众体育这几个方面都达到世界先进水平。

李香华认为，中国体育现代化是一个历史过程，它既是中国传统体育向现代体育转化并与现代体育相互结合的过程，也是现代体育不断实现国际化、信息化、产业化、科学化等的过程。同时，体育现代化又是现代人对现代体育的心理态度、价值观念和体育生活方式的改变过程，是代表现代社会的体育文明形式。[①] 杨国庆在 20 世纪 90 年代提出，体育现代化是体育发展所达到的较高标准，是体育与一个国家的社会、经济、科学技术及相应的民族心理相适应的具有现代社会先进特征的水平状态。[②] 厉丽玉等认为，体育现代化可以理解为一个国家或一个社会成

[①] 李香华. 中国现代体育与体育现代化 [J]. 体育学刊, 2002 (5): 20-22.
[②] 杨国庆. 关于在我国实施体育现代化工程的理论思考 [C] //国家体育总局政策法规司, 中国体育发展战略研究会. 1998 年全国体育发展战略研讨会论文汇编. 北京: 北京五色环文化发展公司, 1999: 53.

第二章 相关理论阐释

功地把现代的体育价值观念、体育管理方式、体育运动过程、体育科学理论、体育方法手段和体育场馆设施应用于人类身心健康发展方面和全面挖掘人类运动能力方面所达到的一定水平，也可以理解为以人类身心健康发展和全面挖掘人类运动能力为目的，体育价值观念、体育管理方式、体育运动过程、体育科学理论、体育方法手段、体育场馆设施等方面逐步从传统向现代转变的动态过程。① 周登嵩等认为，体育现代化是在社会现代化的发展进程中，以改善人们体育生活方式和提高人们生活质量为目的，并指向未来体育发展目标且具有阶段性特征的动态发展过程。② 彭大松对体育现代化的实质做了解释，认为体育现代化是社会现代化的众多维度之一，并从社会学视角思考当前体育现代化过程中出现的相关问题。③ 余道明指出，体育现代化进程模式可分为目标模式和过程模式，目标模式包括绝对目标模式和相对目标模式，过程模式包括政府驱动模式、社会驱动模式和政府—社会合作模式。④ 在社会、文化层面，体育现代化可表现在体育物质条件现代化、体育制度现代化和体育观念现代化三个层面。

二、民族传统体育项目现代化相关理论阐释

民族传统体育深深根植于中华大地，现代社会的高速发展要求民族传统体育适应社会的现代化进程，因此民族传统体育现代化问题已在国内引起广泛关注，众多学者对其进行研究，主要包括中西文化冲突和融

---

① 厉丽玉，林可，胡烈钢. 浙江体育现代化指标体系 [J]. 体育文化导刊，2003（5）：17-18.
② 周登嵩，余道明. 首都体育现代化指标体系的研究 [J]. 北京体育大学学报，2007（5）：581-585.
③ 彭大松. 体育现代化研究回顾及相关问题思考 [J]. 西安体育学院学报，2010，27（3）：262-265.
④ 余道明. 体育现代化进程模式的理论分析 [J]. 成都体育学院学报，2011，37（10）：11-14.

合背景下民族传统体育与现代体育的差异研究、体育现代化进程中本土体育与外来体育的和谐发展研究、各民族传统体育项目的现代化发展研究等。这些研究促进了民族传统体育活动的深入开展，使其能够有特色地融入现代人的文化生活中，用新的方式展现自身的文化内涵与风俗特点，从而进一步增加各民族之间的交流与互动，增强民族凝聚力，丰富我国民族传统体育文化。

其中，比较有代表性的研究有胡小明等的《论中华民族传统体育的现代化》、余学好的《中华民族传统体育的发展及现代化》等。胡小明等认为，一个民族的体育要想自立于世界体坛，不应该丢弃民族传统，以民族虚无主义的态度去追求体育文化的"全球化"，而应该弘扬自己的民族特色，保持文化生态的多样性。① 余学好认为，中华民族传统体育现代化应借鉴现代体育文化优秀成果，并根据自身特点进行创造性吸收。地域的、民族的体育文化将以丰富的个性进行多元融合，相互吸纳、补充为一种新的世界体育文化模式。② 白晋湘基于对体育发展的基本规律及传统体育与现代体育之间差异的分析，认为只要接受现代体育价值观，实现功能的转变，任何形式的民族传统体育都会发生向现代体育的转化。③

王海蛟对中华民族传统体育近代以来的艰难发展历程和在现代社会发展中重陷困境进行研究，认为民族传统体育可指特定范围内开展的、具有浓厚的民族文化色彩和特征的传统体育活动，其中的"传统"是指历代因循下来的根本性的模型、模式、准则的总和，并提出在"全球

---

① 胡小明，赵苏喆，倪依克，等. 论中华民族传统体育的现代化 [J]. 武汉体育学院学报，2003（4）：1-4.
② 余学好. 中华民族传统体育的发展及现代化 [J]. 体育学刊，2004（3）：54-57.
③ 白晋湘. 从高脚运动的演变历程看传统体育的现代化 [J]. 北京体育大学学报，2004（6）：727-729.

第二章 相关理论阐释

化"背景下,中华民族传统体育要树立以人为本的发展理念。① 陈彦等从儒、道、释主体文化探讨了中国传统体育文化的基本特征,就社会属性、运动属性和文化属性审视了现代奥林匹克运动的特有内涵。在此基础上提出,中国传统体育文化要现代化但不是全盘西化,不能使民族精神迷失在"融入"中,"邯郸学步"的做法不可取。② 徐彩桐认为,我国民族传统体育的现代化必须立足于民族传统体育的文化内涵,在保持民族传统体育的民族性、大众性的基础上提高其竞技性、规范性。③ 高娃认为,蒙古族传统体育的现代化发展是蒙古族传统体育向现代体育转化并与现代体育相互结合的过程,也是蒙古族传统体育不断实现社会化、产业化、科学化、国际化的过程。④

张选惠等认为,竞技化、民俗化、娱乐化、健身化、市场化指的是民族传统体育在现代化发展过程中的不同发展维度。竞技化指的是民族体育项目的竞技形态,以奋发与竞争为核心;民俗化象征着生活化维度;娱乐化指的是一种集娱乐性、消费性和广泛传播性为一体的大众文化形态;健身化指的是民族体育的价值目标;市场化为民族体育的发展提供了经济引擎。⑤ 孙东辉等指出,民族传统体育在现代化的过程中,必须保留其基本文化内涵,并保持一种开放的姿态,使中华民族传统体

---

① 王海蛟.浅谈中华民族传统体育现代化的内涵[J].科技信息,2010(23):677-678.

② 陈彦,华君.奥林匹克运动与中国传统体育文化现代化[J].北京体育大学学报,2007(9):1170-1171,1175.

③ 徐彩桐.对我国民族传统体育现代化转型的探讨[J].武汉体育学院学报,2008(4):61-64.

④ 高娃.蒙古族传统体育现代化研究[J].山东体育学院学报,2009,25(11):21-25.

⑤ 张选惠,刘涛,郭英芝.民族传统体育现代化维度的重构[J].成都体育学院学报,2008(2):11-13,36.

育真正走向世界。① 高勇制定了四种齐鲁传统体育文化现代化发展模式：齐鲁传统体育竞技化模式——走向国际体育竞技舞台；齐鲁传统体育生活化模式——走向大众健身；齐鲁传统体育市场化模式——走向大众娱乐；齐鲁传统体育学校化模式——走向学校体育。②

白晋湘等认为，在全球化背景下，我国民族传统体育价值观念发生剧烈变化，文化认同面临前所未有的危机。我们要彰显全球化背景下民族传统体育的文化符号，正确处理全球化与民族传统体育的辩证关系，着力于文化创新，从而构建民族传统体育核心价值体系，增加人民对民族传统体育的文化认同。③ 赵妤认为，民族传统体育现代化是指我国民族传统体育主动适应社会转型的自觉发展和创新过程，亦是一个全面可持续的发展过程。民族传统体育的现代化表现在民族传统体育项目的科学化、竞技化、市场化、生活化、人性化、传承的自觉化等诸多方面。④

王志威指出，英国传统体育从农业社会到信息化社会，历经文化的冲突与融合，是传统性与现代性之间相互扬弃的过程，并得到不间断的传承与发展。中国传统体育的发展需要有自信心，在宏观上，政府重视，政策保障，经费支持；在传播上，进入社区与学校；在管理上，体育规则细化，执行规范化，发展机制多元化；中华民族传统体育的终极目标，是保护民族文化生态，并保持世界文化的多样性。⑤ 宋亨国认

---

① 孙东辉，方秀宠，杨吉春. 民族传统体育现代化转型思考 [J]. 体育文化导刊，2008 (7)：84-85.

② 高勇. 齐鲁传统体育文化现代化发展的模式和策略研究 [D]. 济宁：曲阜师范大学，2007.

③ 白晋湘，田祖国，宋彩珍. 全球化背景下我国民族传统体育的文化认同与现代化发展 [J]. 文史博览（理论），2011（1）：53-55.

④ 赵妤. 我国民族传统体育现代化的内涵及其衡量标准 [J]. 体育科技文献通报，2010，18（11）：99-101.

⑤ 王志威. 英国传统体育现代化及其启示 [J]. 体育与科学，2011，32（3）：79-83，78.

为，传统体育发展的核心问题应该是在现代性和传统性之间找到均衡发展的支点，或是进一步塑造与提升自身的文化身份和文化精神。现代体育遵循的"标准化"并非传统体育发展之真正前景。① 李效辉认为，要解决制约中国传统体育现代化发展的因素，就必须坚持先进性、开放性、独立性、科学性、规范化、民族化与社会化相结合的原则。②

综上所述，中华民族传统体育是我国不同民族在各自不同的自然、经济、政治、文化等环境中所形成的一种特殊文化现象，民族性是其区别于他者的主要特征。中华民族传统体育现代化不是对中国古代传统体育的简单回归，也并非是对现代西方竞技体育的盲目崇拜，而是在传承中不断创新，无论是中国文化还是外来文化都应该扬弃地加以继承和发展，使中华民族传统体育不断焕发出新的魅力。由此可见，传统体育的现代化发展是一个历史过程，也是社会文明的重要标志，"返本开新"是中华民族传统体育走向世界所要坚持的基本原则。

三、中国武术现代化相关理论阐释

武术现代化研究对武术现代化发展具有重要意义，纵观武术现代化研究的历程，基础理论方面的研究较为薄弱，研究结果比较分散，不够系统全面。综合分析不同学者的研究成果可以发现，多数学者主要是从文化学的角度，即从中西文化差异性的角度进行论述分析，从而找出武术现代化的发展对策。部分学者从历史学的角度对武术现代化发展中的众多方面进行了探讨，也有少数学者认为武术竞技化发展是其现代化的发展悖论等。而关于武术现代化评价体系的研究则更少，只有少数学者从武术的几个侧面对武术现代化评价指标体系进行了理论方面的初级构

---

① 宋亨国. 中国传统体育文化现代性思考 [J]. 体育文化导刊，2010（6）：109-112.
② 李效辉. 制约中国传统体育现代化发展的因素及对策研究 [J]. 山西师大体育学院学报，2008（1）：53-55，61.

建。因此，对于武术现代化发展及其评价体系，需要从基础理论开始，进行全面、深入的研究。

（一）武术现代化的概念阐释

关于武术现代化概念的界定，有学者把武术现代化定义为"传统武术向现代武术转型的竞技武术、健身武术、攻防武术协调发展，以武术国际化、科学化、产业化为主要特征的变迁过程"。郭志禹认为，武术现代化是指使武术具有现代先进的科学技术水平。这相对于古老的武术文明及其传统观念来讲是一个起点很高的概念。[1]

有学者从文化形态学原理及东西方文化差异的角度对武术现代化进行了分析，如欧阳友金等认为，由于东西方文化存在文化发展的时间差，所以传统武术必须接受现代工业文明所表现的特征，运用现代的科学原理和方法进行改造与创新，在物质和精神文化方面逐渐转型，实现其现代化。[2] 毛明春认为，武术现代化是传统性与时代性的统一，在实现武术现代化的过程中应该注重"挖掘整理，推陈出新"，不断融合当代先进的文化，使其科学化，并在教育中普及。[3]

郭志禹指出，武术长期在农业经济环境中生存发展，所谓"现代化"就是要具有先进的科学技术水平。因此，观念转变与信息化是"武术现代化"需要解决的两个重要问题。其中，观念转变包括武术的拳种流派从粗糙化转向精品化、从守旧泥古向博法造新转变、都市化武术传播模式的形成、武术初级本质的深化等。而逐步实现武术信息化是

---

[1] 郭志禹. 论观念转变与信息化促进武术现代化 [J]. 北京体育大学学报，2005（10）：1301.

[2] 欧阳友金，龙佩林. 东西方文化的时间差与传统武术的现代化 [J]. 体育文化导刊，2007（3）：32-34.

[3] 毛明春. 中国武术的传统性与现代化的理论思考 [J]. 山西高等学校社会科学学报，2004（6）：120-122.

孕育武术现代化胚胎的核心,能使人们看到武术现代化的真实形象。①

罗香玉等指出,武术在理论和实践上仍然存在着许多不足,主要表现在以下几个方面:第一,我国以竞技为核心的武术现代化影响了武术的全面发展;第二,武术在学校教育中处境悲惨;第三,武术奥运战略失策;第四,在武术现代化过程中其传统文化特色逐渐弱化。②陈青指出,中华武术作为一种人体文化,其传播是发展的前提,能否充分利用现代化传播手段则是克服阻碍、继续发展的重要方面。③胡玉玺等依据系统发展原理,对传统武术现代化发展进行了理性思考,分析了传统武术发展的政策层面、理论与技术层面、传播层面、人才层面、资金层面五大要素,并指出发挥以上要素的作用,协调好要素间的关系是传统武术可持续发展的关键所在。④

刘涛提出,武术的发展应走传统与现代特性相结合的和谐发展的多元化、多层面化道路。⑤朱月明指出,武术现代化与社会现代化相辅相成,在现代化的浪潮中,创新成为武术可持续发展的有效途径和必然选择。⑥杨旭峰认为,重大社会变迁意味着附着其身的一切文化事象将随之变革方能与时俱进求得生存与发展,任何事物都只能顺应潮流而后求得生存,武术亦不例外。在清末民初的时代背景下,面对强势外来体育文化的冲击,武术必须随潮就势,褪去民俗文化的外衣而积极融入现代

---

① 郭志禹.论观念转变与信息化促进武术现代化[J].北京体育大学学报,2005(10):1301-1302,1311.

② 罗香玉,安彪.二十世纪武术百年近现代化发展的成就与不足[J].科技信息,2010(13):557-558.

③ 陈青.武术传播手段的现代化[J].搏击(武术科学),2010,7(12):1-2,10.

④ 胡玉玺,任津橘.传统武术现代化发展的理性思考[J].人民论坛,2010(2):106-107.

⑤ 刘涛.论中国武术现代化之变迁[J].西南民族大学学报(人文社科版),2009,30(10):277-280.

⑥ 朱月明.武术现代化与社会现代化之间的互动关系研究[J].湖北经济学院学报(人文社会科学版),2008(11):32-33,18.

体育文化。① 薛宇认为，武术不仅仅是一种体育运动，更是中华民族数千年积淀而成的特殊的文化形态。因此，武术现代化具有特殊性，有别于一般体育的现代化。② 洪浩指出，传统武术的现代化转变是一种内外双重压力下的必然选择，它不仅是外部压力下的自我革新与重建，同时也是一种文化自觉后的必然选择，因为传统武术只有在全球化体系中重新建立自己的身份，才能重新构建自己的文化空间。③

虽然大多数学者对武术现代化发展持肯定态度，但也有少数学者从不同的角度进行研究，对武术现代化发展持反对或者担忧态度。如戴国斌从马克思异化理论的四个维度对武术现代化进行了一次理论性探索，指出武术的异化包括本质的异化、对象的异化、过程的异化、关系的异化等。④ 高晓明指出，中国武术在与世界体育接轨的过程中，向着"竞技化"的方向发展，呈现出竞技武术与传统武术同源却不同流的发展局面。虽然中国竞技武术的产生是中国武术现代化发展的必然结果，但中国武术的"竞技化"并非武术未来发展和走向世界的终极归宿。⑤ 另外，刘鹏等指出，武术在现代化发展中存在一些不均衡现象，具体包括传统武术与竞技武术的不均衡发展，武术理论与技术的不均衡发展，武术市场与跆拳道、空手道等国外技击术市场的不均衡发展，等等。⑥

关于武术现代化评价体系的研究数量较少。王岗等认为，武术现代化指标体系的构建是武术现代化研究领域中一项必不可少的基础性研

---

① 杨旭峰．武术现代化转型研究［J］．体育文化导刊，2011（6）：113-116．
② 薛宇．现代科技视野下中国武术的现代化发展［J］．搏击（武术科学），2012，9（11）：8-10．
③ 洪浩．论中国传统武术现代化走向［J］．成都体育学院学报，2012，38（7）：45-49．
④ 戴国斌．武术现代化的异化研究［J］．体育与科学，2004（1）：8-10，14．
⑤ 高晓明．竞技化：中国武术现代化的发展悖论［J］．搏击（武术科学），2007（7）：8-9，23．
⑥ 刘鹏，孙刚．武术现代化发展的困惑与反思［J］．上海体育学院学报，2008（3）：71-74．

究，他们提出了构建武术现代化指标体系的目的、意义、任务、基本原则等，构建了包含4项一级指标，38项二、三级指标的武术现代化指标体系。①

随着中国社会的不断发展，时代赋予了武术新的属性，即体育属性。但武术不仅仅是一种体育运动，更是中华民族数千年积淀而成的特殊的文化形态。因此，武术现代化具有特殊性，有别于一般体育的现代化。武术不断适应现代社会的尝试使其具备了现代社会的很多特征，武术与现代社会的相互作用使其具有了现代性。社会的方方面面慢慢渗入武术中，使武术不再是一个简单的运动项目或者技术体系，而是中国本土所特有的一种文化现象、一种社会现象、一种以技术体系为核心的综合文化体，它包括群众武术、竞技武术、学校武术、武术产业、武术管理、武术信息、武术文化、武术科技等不同内容。武术现代化是一个不断发展的概念，是时代发展的内在要求。

综上所述，武术现代化是社会现代化的一部分，将武术中具有传统性的要素转化为现代化的要素，其目的是将武术的传统文化基因和技术要素融入现代社会，依据培养现代化人才和服务现代社会的需要，发挥武术的时代价值。从概念中不难看出，现代社会对武术的要求就是武术现代化过程中的导向，也是武术现代化的任务，完成现代社会赋予武术的任务，就推动了武术的现代化转型，体现了当下武术的时代价值。

（二）武术现代化的内容阐释

武术按照主导功能分类，可分为学校武术、竞技武术、实用武术、社会武术。因此，现代武术按照主导功能分类，主要分为现代学校武术、现代竞技武术、现代实用武术、现代社会武术。因此，武术现代化主要包括学校武术现代化、竞技武术现代化、实用武术现代化、社会武术现代化。

---

① 王岗，郭海洲．武术现代化指标体系的构建［J］．西安体育学院学报，2007（1）：1-6．

1. 竞技武术现代化

竞技武术是指为提高武术竞技水平，最大限度地发挥个人运动潜力和争取优异运动成绩而进行的武术竞赛项目，其特点是专业化、职业化、高水平。竞技武术始于20世纪50年代末，20世纪80年代初期在中国迅速发展并得到广泛推广，竞技武术主要包括竞技武术套路和散打，目前国际化传播取得一定成果，在国际上产生了一定影响。竞技武术的核心是赛事的开展，目前竞技武术具有世界锦标赛、各洲锦标赛等，国内以全国运动会为最高级别赛事。在竞技内容上，"自由""平等""规范""标准"已经是武术套路和散打比赛的基本要求。在技术发展上，武术套路更加突出竞技特点，以提高技术水平和鼓励创新为基本思路，促使技术表现出体操化的特点，在"高、难、美、新"的道路上愈走愈远。散打注重体能、技法多样、突出个性、快准巧狠。散打的拳法、腿法等技术方法都与拳击等项目极其相似，在技术表现上，几乎看不到传统武术的身影。

竞技武术现代化应当紧跟我国现代化发展的步伐，注重竞技武术多样化、创新化、个性化发展。通过多种举措推进竞技武术项目进入奥运会是武术国际化发展中值得尝试的办法，同时也是推进竞技武术现代化的重要体现。

2. 学校武术现代化

学校武术现代化应当注重高等教育的普及，提倡举武扬文，以武术教育培育具有民族精神的现代人。

3. 社会武术现代化

社会武术现代化应当依托富有激励机制的武术段位制，加强武术的标准化建设和社会化发展，需要调动单项拳种社团组织的积极性。

4. 实用武术现代化

实用武术在军警等领域广泛应用，从现代化角度来看，实用武术在现代军警实战中,表现出动作技术简单、对抗性强、技术组合丰富等特点。

(三) 武术现代化的特征阐释

现代化是一个世界性与民族性并行的历史进程,应当紧紧围绕世界性与民族性开展武术现代化研究活动,从中国国情出发,在符合武术领域特点的基础上,逐渐探索出中国武术的现代化模式。

中国武术现代化是传统文化走向现代文化的一个典型代表,是中国优秀传统文化走向世界的过程,也是世界性与民族性不均衡发展的过程。这一过程表现出来的世界性和民族性决定了中国武术现代化是一个具体的历史过程,任何国家、任何民族、任何文化,都必须从国内和国际的实际情况出发,寻找自身的现代化之路。

1. 中国武术现代化的世界性

社会学家把现代化概述为"现代社会变迁的过程",与"传统社会变迁的过程"相比,两者最突出的差异就是世界性的体现。埃廷尼·吉尔森曾提出:"我们目击的一切重大事件的共同特点是全球性,把我们目击重大事件与过去的、有史以来的一切重大事件区别开来的也正是全球性。"① 这种全球性正是世界性的代表,在这种思想的引领下,世界性或者全球性正成为探索世界的新的发展观。

现代化的世界性是指各个国家作为世界的一个组成部分,其现代化必然受到全球整体格局的影响,不论不同国家之间存在多大的差异,它们在现代化进程中也有许多共同点。在现代化过程中,各国都要注重经济、文化、政治等的现代化发展,走工业化道路,与世界接轨。在信息全球化时代,文化是民族的,更是世界的,文化全球化早已成为世界发展的潮流趋势,中国武术作为中华民族传统文化的代表,在发展过程

---

① 转引自斯塔夫里阿诺斯. 全球通史:1500年以前的世界 [M]. 吴象婴,梁赤民,译. 上海:上海社会科学院出版社,1988:51.

中，必然受到全球整体文化发展的影响，虽然具有本土文化显著的民族特色，但与其他文化的现代化仍存在许多共同点。例如，中国武术在现代化过程中也需要注重武术产业现代化、武术人才现代化、武术结构现代化等，走国际化道路。

2. 中国武术现代化的民族性

现代化的世界性发展总是依托各个国家、各个民族的现代化发展实践来实现的。从这个角度来看，现代化是民族性的。举一反三，中国武术现代化所展现的文化现代化，最终要通过中国各民族的文化现代化个性表现出来。中国的社会生产方式、历史文化传统、地理生态环境，造就了中国武术不同发展阶段的结构模式和内部制度，给中国武术的现代化打上了深刻的民族性烙印。

第三节　日本武道现代化相关理论阐释

日本有志之士对日本武道的发展展开了一系列的探索与反思，呈现出百家争鸣、百花齐放的局面，这对日本武道的现代化转型起到了极其重要的推动作用。

福泽谕吉在《劝学篇》和《文明论概略》中提出了其著名的反映人类自由平等主张的人权思想，即"一身独立则一国独立"的命题，并诠释了"文明"的概念，指出文明内在蕴藏的精神无非是人民的气节，提倡个人独立自主的国民精神，间接地表明了在应对西方文化冲击时，具有自主性的"日本精神"的重要性，为日本指出了一条用本国的文明来应对西方挑战、保持日本民族独立的途径，这种思想为日本武道现代化转型奠定了理论基础。

福泽谕吉强调了体育对教育的重要意义，即它是以人的身心获得健全的发展为目的的，并非仅仅作为满足人的运动兴趣、爱好的手段，对

第二章 相关理论阐释

教育中"体育—目的，运动—手段"进行了明确的识别。此外，福泽谕吉还指出，增强国民体质是殖产兴业的要旨，提倡在教育上施行奖励体育的政策。在实施办法上，福泽谕吉倡导："将作为练兵的运动，诸如剑、枪、柔术、体操、乘马、远足等吾辈所见之方法，设为学校教育的一科，乃最有效的办法。"福泽谕吉的"独立精神"和"体育目的论"的思想在一定程度上契合了嘉纳治五郎现代柔道体育化的理念，可以说是现代日本武道改革的思想源泉。

高岛平三郎从教育的目的入手，提出"身体修养"的必要性。他认为教育的目的是达成完善的人格，而人格要完善，首先是身体要健全，并且精神和身体是人的两部分，两者密切相关，他主张以科学的"身心相关论"为基础展开对体育的研究。高岛平三郎指出，体育既要致力于强健的身体，也要培养活泼的精神，"一旦国家处于危急的时刻，就必须努力为国奉献义勇之精神。实际上，体育是振奋国民的精神，培养爱国精神的最有效的方法"。高岛平三郎倡导的科学的修身教育、体育观，既吸收了西方体育文化中对人格尊重和崇尚个性发展的自由主义思想，又在国家意识的民族主义中承接了明治新政以来所确立的教育体制中《教育敕语》的思想，对学校武道教育和人才培养起到较大的推动作用。

江户末年，在日本武道现代化转型的实践过程中，柔道之父嘉纳治五郎将门派众多、风格各异的传统柔术由博归约、博采众长，结合众多柔术名家的心得系统地进行了技术改造，整理为三大类：投技、固技、当身技。嘉纳治五郎以其远瞻的现代体育眼光将传统柔术中那些譬如掰手指、挤压等对身体安全有威胁的动作进行了摘除或保存在柔术的套路——"形"中，而在技击的"乱取"中禁止使用，现代柔道出于安全考虑更是连"当身技"也取消了。而全日本空手道联盟则要求比赛采用"寸止"制，即要求在打到对手前一寸处停止，就连由大山倍达创立的极真会空手道也规定在不穿护具的直接击打制比赛中不允许用手击头,这些都有效保证了习练者在训练和比赛中的人身安全。综上,技击中吸收了合理主义,使武道的科学化、现代化得到了大幅提升;技击成为合理主义的载体,使武道原本充满暴力和伤害的形象向健康和安全的形象华丽转身,恰当地处理了武道转型中因技击功用变迁所激发的矛盾。①

陈永军指出,日本剑道的形成过程是一个复杂的过程,涉及诸多方面,包括刀剑的广泛使用、武士及武士集团的出现、剑道技法流派的形成、剑道理论的成熟等。剑道在某种程度上是日本武道的灵魂和代名词,将其单纯理解为具有军国主义色彩的武士道是片面的,其主张的"杀人刀""活人剑"思想,说明日本剑道受到儒家、禅宗思想的影响。虽然日本剑道的本质不是军国主义文化,但是与批评军国主义相结合是推动剑道发展的必由之路。近年来,日本剑道国际化发展所面临的难题是如何保持其传统。②

聂啸虎指出,日本剑道有着独特的历史价值、人文价值等,其流变过程漫长,随着社会变革和民族传统承袭而不断发展,吸收、融合了儒家思想、兵家思想等各种文化,融伦理道德、民族精神、礼仪规范等文化特质于一体,它的成熟不仅是技术上的成熟,也是思想与文化方面的融合发展。③ 笔者认为,日本剑道的流变反映了日本传统体育文化的流变,在文化多元化的今天,日本剑道所蕴含的独特的本土文化特质,决定了其必将不断地发展下去。

张艳芳指出,日本剑道经历了由术至道、术道并重的发展过程,已

---

① 王晓晨,吉灿忠.日本武道近现代转型中对技击的处理及启示[J].山东体育学院学报,2014,30(1):61-65.

② 陈永军.试论日本剑道的产生及其思想基础和影响[J].成都体育学院学报,2002(5):17-20.

③ 聂啸虎.日本剑道的历史演进过程[J].体育文化导刊,2002(5):82-83.

第二章 相关理论阐释

经从单纯的技术学习上升为提升修养的重要途径，此外早在 1926 年日本政府就将剑道纳入了中小学必修课程，这些都为日本剑道的发展提供了良好的保障。①

覃刚通过对日本剑道发展历史的梳理，总结了日本剑道发展的特点。他将日本剑道现代化发展的特点归纳为以下几个方面：一是剑道充分体现了日本传统文化的特点，"追求极致"是日本传统文化的精髓所在，也是剑道的精髓所在；二是剑道追求"剑"与"道"的融合，重视在精进剑术的基础上去探索精神与技术的统一，重视精神层面的修炼，只有从"道"的精神层面去解读剑道，才能更好地理解与研究日本文化。②

---

① 张艳芳. 中国剑术与日本剑道发展史比较研究 [D]. 济南：山东师范大学，2013.
② 覃刚. 日本剑道给中国传统武术的启示 [J]. 华中师范大学汉口分校学报，2010，3（4）：67-69，73.

第三章 中国武术与日本武道现代化历程回溯

武术史中的近代史和现代史主要是武术围绕现代化发展主题进行的改革与创新。著名武术史学家旷文楠曾提出:"从上世纪(19世纪)中叶以来的近百年,随着中国社会的急剧变革与西方文化思想的输入,中国传统武术在新思潮的冲击下亦发生了重大变革,特别是本世纪(20世纪)初以来,武术从思想、组织、技术、训练、竞赛、场馆器材以及武术在军队、学校、社会上的地位与作用,均发生了十分深刻巨大的变化,而这些变化的核心,便是中华古代武术走上了科学化、规范化、现代化的新历程。"[①] 日本是亚洲国家中率先开始现代化转型的国家,日本武道的现代化转型随着日本社会现代化发展艰难前行,嘉纳治五郎对柔道的教育化改造便是日本武道项目现代化转型的一个成功典型。目前,关于中国武术现代化和日本武道现代化发展历史演进的研究仍是一个比较薄弱的环节,需要进行全面而深入的挖掘整理。因此,梳理中国武术与日本武道现代化的发展历程具有重要的研究意义,同时也为本书的后续研究奠定良好的论证基础。

---

① 旷文楠. 中华武术历史研究的回顾与展望[J]. 成都体育学院学报, 1995 (3): 5-6.

第三章　中国武术与日本武道现代化历程回溯

第一节　中国武术现代化历程回溯

近代武术经历了一个很特殊的历史时期，当时中国社会动荡不安，这对中国武术产生了巨大影响，中国武术迎来了最为艰难的时期。在这样的历史背景下，中国武术不断寻找自身的发展空间，适应着社会发展需求，追求创新，并进行多方面的现代化发展，这为其当代发展奠定了良好的基础。本研究结合不同的历史背景，将中国武术现代化发展历程划分为萌芽时期（1840—1900年）、模仿时期（1901—1918年）、创新发展时期（1919—1948年）、完善发展时期（1949—1978年）、多元化发展时期（1979年至今）五个时期。

一、萌芽时期（1840—1900年）

1840年，鸦片战争打开了中国的大门，西方文化与现代科学技术相继涌入中国，西方思想随之入侵华夏大地，影响着中国人的思想、生活方式等各个方面。在这样的历史背景下，中国武术在冷兵器时代的辉煌不复存在，军事功能的退化与西方体育的传入使中国武术受到极大的冲击。由此，中国武术的发展方向与价值取向开始发生变化。这种强大的外来文化刺激也使中国武术开始寻求新的发展空间，特有的社会历史背景为中国武术迎接史无前例的重大挑战提供了可能，也为中国武术的现代化进程不断积蓄能量。

这个时期的社会团体为中国武术的普及做出了一定的贡献。1862年开始，清政府逐渐淘汰武术所用的冷兵器械，大量建立武备堂等组织，向西方学习军事管理，运用大量火器，这也象征着武术失去了在军事中的主体地位，军事功能的退化使其逐渐退出军事领域，开始走向民间。在这一期间，武术逐渐成为民间防身的主要手段。义和团运动、太平天国运动及天地会、白莲教等教门，在进行革命斗争与组织活动的同时，较好地普及了武术。

在这样的时代背景下，武术自身的理论与技术体系也开始不断丰富和逐渐完善。在理论体系方面，由原来的以兵家军事战略论述为主的兵家著作逐渐转向结合拳技阐释拳理的儒士著作；在技术体系方面，由原来的以军事格杀武技为主转变为拳种多样、地域特色浓厚的流派武术。在武术自身体系不断完善的过程中，它本身所具有的强身健体、审美娱乐、修身养性等多种功能也受到了人们的重视，这也为武术日后的发展拓宽了领域。

在此期间，中国武术从提高士兵搏杀能力的各种军事训练活动中慢慢脱离，逐渐发展成为一种在民间广泛流传的对抗类的传统活动项目。同时，该时期的武术具备了近代体育的部分属性：第一，增进健康、发展身心和提高技击能力。第二，注重人格培养和娱悦身心。第三，已形成系统的技术体系。第四，一系列程式化的锻炼内容和方法。第五，运动技术和训练理论的传统文化解释。第六，"体用兼备、内外兼修"的运动价值观念及其评价方法。特别是以健身为习武主旨的发展趋势，标志着武术加速了体育化进程，这为武术在体育领域的广泛发展奠定了良好的基础。由此可见，这一阶段武术在民间逐渐兴盛，不仅使武术进入了多渠道普及和蓬勃发展的新阶段，同时也为其现代化发展提供了"肥沃的土壤"。

二、模仿时期（1901—1918年）

1901年，清政府宣布废除为选拔军事人才而设立的武举制度，废硬弓、刀、石、马步射，因其无与兵事，固废之。武举制度的废除切断了中国最早"职业武者"的仕途，因此武术发展重心逐渐向民间转移。武举制度的废除成为武术向民间转移的关键性外部因素之一，虽然从客

第三章 中国武术与日本武道现代化历程回溯

观上降低了习武者的积极性,但为之后武术在价值、功能、形式等方面的多元化提供了发展空间与条件,也为中国武术现代化发展奠定了广泛和坚实的社会基础。综观 20 世纪初的民间武术,多数习武之人随着明清以来武术日益远离政治中心的总趋势,分散在社会各个角落,为了生存,他们不能仅靠练武,所以大多各操已业,故"各省各处之武学馆,亦列入天演之淘汰"。由此可见,武举制度的废除也为之后武术的教育活动、社会活动、武术组织的创办等提供了丰富的人力资源,使武术与现代社会活动开始了复杂而广阔的联系。

19 世纪下半叶,在"西学东渐"之风的影响下,近代体育思潮在中国迅速传播,使武术开始向近现代竞技体育项目转变,即武术由本土体育向近现代体育转型。1911 年,马良邀集一些武术名家,编写武术教材,并将所编写的教材定名为《中华新武术》。1914 年,马良再次广邀各派武术名家,修订《中华新武术》。在马良的努力宣传和推广下,国民政府规定"中华新武术"为军警必学之术,并把其列为全国各中学及高等以上学校的正式体操。1918 年,"中华新武术"被定为全国正式体操。《中华新武术》分为率角、拳脚、棍术、剑术四科。各科又分为上、下两编。上编为初级教科,下编为高级教科,上编各科全部成书,下编却终未问世。

由马良发起创编的《中华新武术》,打破了旧武坛的门户之见,选取传统武术中的动作作为素材,借鉴"兵式体操"的操练方法,分段分节地配以口令,制定出了团体教练法。新武术在改革中,体现了由易到难、由简到繁、由单练到对练的循序渐进的原则,改变了原来武术师徒相承的单一传授方法,使其适宜进行团体教学和练习,为武术进入学校体育课程提供了可行的形式,并对其后的精武体育会、中央国术馆及学校武术教育都产生了积极影响,而且新武术的推广也在一定程度上促进了武术的大众化发展与普及。但是,由于马良发起创编《中华新武术》之际正值五四运动前新旧思潮激烈交锋之时，国人对"新"与"旧"的认识还比较模糊，使本来具有一定进步意义的新武术创举被复辟势力与激进民主主义者利用，作为其抨击、进攻新文化运动的武器。再加上新武术动作本身具有一定的局限性，兵操色彩过重，上编出版后无下编续之，内容较为单调，缺乏连续性与系统性，这就导致新武术推广在新旧势力的斗争中不了了之。

1915年，中华民国教育部明令"各学校应添授中国旧有武技，此项教员于各师范学校养成之"。中国传统武术至此正式进入学校，作为学校体育课程的内容之一，成为学校教育的一部分。古老的中国武术被纳入现代教育的范畴，促使武术的价值观、运动思想、活动领域、运动形式等方面都发生了历史性的改变。武术进入学校后按照学校体育的要求，开始改革教学方法，课堂式的团体教练法取代了原来的师徒传承的传习教法。学校进行武术教学需要专门的武术教材，因此，武术在学校课程中的出现也推动了武术教材的编写工作，一些散落于民间的、仅靠口传身教的武技与功法，开始逐渐被整理成规范的武术图解教材，并且出现了一批宏观介绍武术的理论性教材。

在此阶段后期，一些武术社团成立，"精武体育会"是其中最有影响力也是最为典型的一个以武术为主的民间体育社团。这些社团大多得到乡绅或商界、军政界、教育界人士的扶持与帮助。这些社团的成立较好地推动了武术的社会普及与教育化，同时也为武术的进一步改革奠定了较好的武术群众组织基础。

在此期间，以马良创编《中华新武术》为主的改革，以及西方体育的成功传入，都深深地影响着中国武术的发展方向。在西方体育思潮的影响下，武术作为本土的体育项目开始寻找与西方体育融合的方法，并进行了一系列的尝试，这对武术后续的现代化发展产生了重要影响。但是，这一阶段盲目崇拜西方体育造成武术对西方体育的盲目模仿，导

第三章 中国武术与日本武道现代化历程回溯

致新武术改革不能很好地体现本土体育项目的优势与魅力，内容不成体系，外加旧势力的影响，最终新武术改革不了了之。这充分说明了中国武术的现代化进程并非一帆风顺，而是困难重重，需要不断深入的探索与革新。

三、创新发展时期（1919—1948年）

1919年五四运动后，随着新旧思潮的交锋，人们对武术的认识逐步深化，开始从体育的角度认识武术，而不是以单纯技击观点认识武术；以唯物史观审视武术，而不是以传说附会谈武术，传统武术跟随时代的步伐，沿着现代化、规范化、科学化的方向前进。五四运动爆发后，各种新思潮随之席卷了中国这片古老的土地，点燃了国民认识新事物的热忱和信念。这种对新事物的包容与追捧深深影响着中国传统武术的创新与发展。此外，对之前武术在现代化转型中遇到的问题和新武术改革失败的原因的一些认识与思考积淀，为武术的再次革新与发展积累了较好的参考经验，促使中国武术的现代化转型在此阶段出现重大转折，并取得了一定成就。

五四运动后的中华民国，军阀割据、战火连年、政局动荡，土洋体育争论与不同思潮的激烈交锋影响着武术的健康发展。武术在此期间的总体发展特点主要表现在以下两个方面：第一，在近代文化思潮的影响下，武术开始沿着现代化、科学化、规范化的方向发展；第二，以城市为中心推动武术的普及与发展。特别是武术被纳入现代教育范畴之后，无论是价值观、运动思想，还是表演、教习方法、竞赛方式等都向着规范化的方向演进，使传统武术开始了适应现代社会的变迁过程，中国武术站上了现代化发展的"舞台"，真正开始了其现代化发展征程。

1922年，"壬戌学制"的实施使民国初年的中国教育经历了一次重大变革，同时也对中国近代体育产生了直接影响，使体育成为学校的正式课程，这对当时学校的武术教育具有重要意义。另外，新文化运动中有识之士对武术的争论，加深了国人对武术价值功能的认识。随着五四运动对民主和科学的倡导，学校也随之对体育课程进行了改革，武术在此过程中逐渐被重视和推崇。当时北京体育研究社的调查显示，全国将武术列入正课的学校占52.5%，超过了一半，极大地扩大了武术的普及面，拓宽了武术的发展领域。另外，出现了以武术为重点的体育学校，如北京体育学校、中央国术馆国术体育专科学校等。与此同时，学校课堂的集体教学方式在很大程度上取代了民间武术的传统教习方式，极大地促进了武术教法的开发与完善，也推动了武术理论与技法教材的编写工作，极大地丰富了武术的教学资源，推进了武术教材的规范化与普及化，是武术教育现代化发展迈出的重要一步。

武术竞技的开展是民国年间武术现代化发展的一大进展。国际奥林匹克运动会影响的扩大及西方体育竞技内容与方式的传入，在一定程度上加剧了国人以武术运动对抗西方体育特别是拳击等对抗性项目的心理，体育运动会等的引入更是直接推动了武术竞技的开展。1923年，在上海举办的中华全国武术大会，是中国体育史和武术史上的第一次单项武术运动会，标志着武术开始进入运动竞赛项目行列，成为现代体育竞技活动中的一种。这一时期举办过各式各样的武术竞赛活动，武术竞赛体系也在不断摸索中逐渐完善，刚开始时不分性别、不分项目进行比赛，最后，武术套路赛与武术对抗赛基本形成，竞赛规则不断丰富与完善。但是，由于特殊的历史背景，中央国术馆作为官办的最高武术组织强调武术的军事实用价值，其举办的国术考试在很大程度上阻碍了武术套路比赛标准的完善，限制了武术竞赛的发展，同时也限制了武术作为对抗性项目的发展。

1928年，官办的最高武术组织中央国术馆成立，馆长张之江。次年，国民政府通令全国遍设国术馆（社），各地国术馆（社）的建立，

第三章　中国武术与日本武道现代化历程回溯

形成了一个上下贯通的国术馆系统，为武术组织管理的现代化发展奠定了基础。与此同时，其他民间的武术社团、组织大量涌现，为了满足社会需要，部分武术社团、组织着手组建分会，而且分会的设立并不局限在国内，还逐渐向海外扩张。武术社团、组织的会员数量大大增加，武术的传播方式与渠道得到拓展，这极大地推动了中国武术的普及与发展，同时也促进了武术的国际化发展。

由于尚武精神的大力弘扬及武术内在精神教育价值的逐渐展现，该时期社会大众对武术的重视程度不断提高，同时对武术内在价值的认识也不断深入。例如，《精武内传》提出："精武会之设可以遣兴，可以销（消）闲，更可以修养身心，娱乐场之正当者，盖无逾于此。"① 又如，时人提出："习拳术者，一为诱导智识之官能，一为修养道德之忍性。"由此可见，当时国人对武术的态度已经从情感认同上升到科学审视的层面，标志着时人对武术的认识已经上升到更高的层次与水平，并且对武术价值功能的认识也逐渐多元化，从单一的军事实战逐渐发展到健身、审美、娱乐、教育等多个方面。许多武术团体或组织的活动内容也呈现出多元化的趋向。武术价值功能的多元化发展促进了其社会地位的提高，同时也加快了中国武术的现代化转型，推进了其现代化进程。

中国武术在此期间取得的成就主要表现在以下几个方面：第一，武术进入学校成为正式课程，其在学校的普及与发展促使武术教育不断深化。第二，武术竞技开始推行，各式各样的武术比赛设立与举办。第三，大量武术社团与组织成立，极大地拓展了武术的发展空间。武术传播的广泛性，促进了武术的国际化发展。第四，社会对武术的需求不断变化，武术价值功能开始转变与更新，并呈现出多元化的发展趋势。也可以说，该时期的武术无论是自身理论、技术体系，还是与社会相交融的其他方面，如活动领域、运动形式、发展趋势等都发生了重大变化，

---

① 罗啸敖.精武内传[M].上海：上海社会科学院出版社，2008：41.

这种变化主要体现为传统武术的现代化转型：一方面完善自身，与社会相适应；另一方面丰富自身，与现代体育相结合。这使武术具备了现代体育的特点与属性，为现今武术的现代化发展奠定了坚实的基础。

在当时的社会环境下，武术的现代化发展虽然取得了一定的成就，但是总体进程还比较缓慢，社会的动荡使武术的发展受到一定程度的阻碍，其现代化进程也受到相应影响。然而，该阶段却是整个中国武术发展史中的转折时期，为中华人民共和国成立以后武术在我国各领域快速恢复发展奠定了重要基础，是武术在现代化发展过程中迈出的有力一步。

四、完善发展时期（1949—1978 年）

中华人民共和国成立后，武术成为我国体育事业的重要组成部分，得到了政府相关部门的重视，开始逐渐恢复发展。社会政治的变化与经济的发展促进了武术在此时期的新兴发展，极大地推进了武术的现代化发展，使其与社会需求紧密结合，不断进行自我调整与革新以适应现代社会。该时期武术现代化发展跨入一个新阶段，同时也开创了武术与现代社会互动发展的新局面。

1950 年，中华全国体育总会把武术提上了中国体育工作的议事日程，倡导发展武术。1952 年，国家体育运动委员会（以下简称"国家体委"）成立后把武术列为推广项目，并设置民族形式体育研究会，对武术等民族传统体育项目进行挖掘、整理、继承与推广。1959 年，我国开始实行武术竞赛制度，随着武术竞赛模式的逐渐成熟，竞技武术不断发展壮大，这使武术技术得到了较大发展。在此期间，武术团体、组织及群众武术活动也得到了较好发展，国家体委与部分省市体委均设立了专门的武术工作机构，如中国武术协会、各省市武术协会或研究会等。此外，中国武术在这一阶段还有效促进了我国与其他国家的国际交

第三章　中国武术与日本武道现代化历程回溯

往，呈现国际化、信息化的发展趋势。同时，武术在学校教育方面也取得了一定成绩，武术教育体系初步建立并逐步完善，如 1961 年颁布的《全国大、中、小学体育教学大纲》中规定了武术在各级学校中的具体教学内容及教学时数。除上述的武术教育、武术竞技、群众武术普及、武术组织管理、武术国际化发展外，武术科研及相关整理工作也有一定发展，如各式太极拳功用的研究、部分拳种的挖掘整理等。

然而，由于当时特殊的社会背景等原因，在武术的恢复与发展工作中，我国一直采取"暂时收缩，加以整顿"的节制性发展方针。再加上"文革"期间，武术的发展受到了较大阻碍和破坏，很多武术资料被毁，一些拳种消失，武术发展一度陷入低谷，这也在一定程度上影响了整个武术的现代化进程。尽管如此，这一阶段的武术整体发展成就是突出的，已为其后续的现代化发展搭起了"框架"。

五、多元化发展时期（1979 年至今）

十一届三中全会以后，随着中国体育事业的迅速发展，武术再次受到政府部门的重视，逐渐进入多元化发展的新时期，同时该阶段也是中国武术现代化发展的历史新阶段。在此阶段，中国武术无论是在大众普及、学校教育、运动竞赛、组织管理方面，还是在武德文化表现、产业发展、国际化信息传播、科学化研究方面，都取得了前所未有的成绩，也引导了中国优秀传统文化不断进行可持续现代化发展的主流趋势。

1979 年，国家体委下发了《关于发掘整理武术遗产的通知》，这意味着武术现代化发展的新阶段已经到来。1983 年，国家体委成立了武术挖掘整理小组，负责对全国各地的武术挖掘整理工作进行统筹安排、督促和协调。在三年的武术挖掘整理工作中，大量对武术历史研究和武术运动发展具有重要价值的传世宝典被挖掘出来，一批地方拳械录编写完成，这些资料为武术理论及武术科学研究提供了重要支撑，与此同时武术研究院（馆、站）等机构在国内广泛开展武术推广活动，将武术运动项目逐步推向世界。1987年，国家体委发布了《关于加强武术工作的决定》，使武术运动进入一个新的历史发展时期，该决定确立了新时期武术运动发展的方针、政策和任务，使中国武术的现代化发展走上正轨。1992年，第二次全国武术工作会议召开，会议强调在武术工作中要始终认真贯彻执行武术推陈出新的原则，首次正式提出了武术工作的战略目标，并深入探讨了如何加强国际武术研究管理、如何进行武术经营开发等武术发展的重大问题。

20世纪80年代开始，武术发展进入了黄金时期，这也意味着武术现代化发展全面展开。为了更好地推广和普及武术，国家体委和相关部门进行了大量关于武术制度化与规范化的工作，并在武术比赛项目设置、武术之乡评选、运动员与裁判员管理等方面做了许多努力和探索，大大推动了武术的现代化发展。武术学科地位的确立及武术科学研究机构的设立也成为中国武术科学化、现代化的重要标志之一。另外，全国武术专题研讨会的举行、会议论文编辑成书出版、全国性各类武术刊物的创刊与发行等，使武术科学研究在此阶段逐渐繁荣起来，有关武术概念与本质、技术体系、理论建构、文化本源等方面的科研成果大大推进了武术的现代化实践。

在这一时期，武术文化节的相继举办较好地推动了武术文化的丰富与发展，如郑州国际少林武术节的举办为中国武术文化的发扬与交流提供了一个很好的平台。而武术教育在此阶段主要体现为武术教学在学校中的良好开展，全国大、中、小学都不同程度地开展了武术课与武术课外活动，各体育院系也把武术列为专业课、选修课。随着我国体育事业的发展，武术教育得到了加强与完善。武术优秀运动队的组建为武术竞技的不断发展提供了人才保障，武术竞赛形式、制度、规则等方面的相继完善使武术竞技步入现代化发展轨道，极大地推动了武术的体育化发

第三章　中国武术与日本武道现代化历程回溯

展。例如，为了增加武术套路比赛的观赏性，武术套路中增设了各级难度动作，比赛时穿着的服装、播放的背景音乐等也进行了改革。散打项目为了更好地体现武术的技击本质，不断修订与完善其赛制和规则，在商业性赛事组织方面，也进行了新的尝试，并且增设女子散打项目，促进散打项目的全面发展。同时，一些传统武术交流赛的举办也推动了武术在民间的普及与发展，使武术在国内稳固发展，这也为武术进一步现代化发展奠定了良好的基础。

武术在国内稳固发展的同时，其体现出的鲜明民族文化内涵也受到了许多外国人士的青睐。为了积极稳步地把中国武术推向世界，武术界人士在世界各地相继成立了各类国际、国家武术组织，并积极举办各种面向国际的武术邀请赛及相关活动，培养出了大批外国的武术运动员与武术爱好者，为各洲和各国武术活动的开展奠定了群众基础。在此过程中，武术自身在不改变固有特色的基础上也在不断丰富与完善，逐渐适应国际体育健身潮流，稳步走向世界。

时代的发展使武术的现代化发展呈现出一派新气象。除在普及、教育、竞技、管理、文化、科研等方面的现代化转型外，武术的现代化发展还体现在信息与产业两个方面，即武术传播与武术产业化发展。20世纪80年代初，影片《少林寺》等的出现，使武术传播得到了前所未有的大发展，据相关数据统计，当时《少林寺》的票房超过1亿元。这种特殊的武术传播方式极大地推动了武术的发展，同时也带动了武术的产业化发展，形成了武术产业开发与经营热潮，有力地推动了武术的社会化发展。此外，该时期国人对武侠小说的迷恋与追捧也极大地带动了武术的发展。20世纪90年代以来，在国家政策的推动下，武术产业化发展取得了一些新进展。1998年，在北京召开的全国武术经济工作会议首次明确地提出了"武术经济"的概念，并在中国武术协会下成立了市场开发委员会。大会分析了武术经济开发的历史与当前的形势，确立了整个武术经济发展的思路,这也预示着武术的现代化发展将进入一个新的时期。由此可见,在这一阶段,武术影视、武术栏目、武侠小说等成为促进武术社会化、产业化、信息化的重要文艺手段,武术产业化、信息化的不断发展极大地促进了武术的现代化发展。

2008年,北京奥运会的成功举办为中国武术的发展带来了新的契机。中国武术是中华传统文化的代表,蕴含五行、八卦、阴阳之义理,博大精深、源远流长,其含蓄内敛、玄秘深奥的文化特性不易被西方人认同,所以中国武术"入奥"困难重重。经过一代代武术人的不懈努力,武术成功进入第四届青年奥林匹克运动会比赛项目,表明武术现代化发展取得了一定成就,也标志着武术"入奥"迈入新阶段、面临新挑战、需要新转型。

1936年,在德国柏林举行的第十一届奥运会上,中国除派代表参加足球、篮球、田径、游泳等项目外,还派了一支由9人组成的国术队到会表演。这是中国武术第一次在奥运会赛场上亮相。虽然不是奥运会的正式比赛项目,但是中国的武术表演轰动了整个柏林。基于此,为了使武术成为奥运会正式比赛项目,武术人进行了长期的奋斗。1953年11月,武术首次以表演形式出现在全国民族形式表演及竞赛大会上;1958年9月,中国武术协会在北京成立,并于同年起草制定了第一部《武术竞赛规则》;1987年,武术被列为第六届全国运动会正式比赛项目;1989年,国家体委将"全国武术比赛"更名为"全国武术锦标赛";1990年10月,国际武术联合会在北京宣告成立;1994年,国际武术联合会被国际单项体育联合会接纳为正式会员;2001年,国际武术联合会首次向国际奥委会申请将武术列为奥运会正式比赛项目,为武术"入奥"做了充分准备,借北京"申奥"成功的东风,国家体育总局成立了"武术争取进入奥运领导小组";2002年,国际武术联合会被国际奥委会正式承认,武术同时成为国际奥委会承认的体育项目,但国

第三章　中国武术与日本武道现代化历程回溯

际奥委会否决了将武术纳入奥运会正式比赛项目的提案；2008年，国际武术联合会再次向国际奥委会提交武术"入奥"申请，北京奥运会期间成功举办"北京2008武术比赛"，但随着奥组委"奥运瘦身计划"的实施，武术进入奥运会的梦想始终没能实现，直至2020年，武术终于被纳入2022年达喀尔青年奥林匹克运动会。

武术为了实现"奥运梦"，采取了一系列转型措施，在吸收西式体操基本动作的基础上，对《武术竞赛规则》和《武术竞赛裁判法》进行多次修改，并对武术进行难度系数划分，以达到使武术标准化、规范化、可操作化的目的，促使武术走上"高、难、美、新"的道路。

从武术"入奥"历史回溯中得出，武术现代化转型与"入奥"相辅相成，武术现代化转型为"入奥"提供了机遇，"入奥"是武术现代化转型的催化剂。因此，推动武术现代化转型是"入奥"的必然举措，"入奥"是检验武术现代化转型成效的重要标志。

总的来看，武术在此阶段进入了蓬勃发展的历史新时期，主要表现在以下十个方面：第一，武术发展战略受到高度重视；第二，武术作为民族文化遗产的认识得到高度认同；第三，武术竞赛体制逐渐成熟；第四，实施与推广武术技术等级制；第五，武术科研的繁荣使武术的科学化水平不断提高；第六，武术国际化程度显著提高；第七，武术的信息化发展带动了武术的产业化发展，促进了武术的社会化发展；第八，武术文化在武术社会化发展中不断丰富；第九，武术管理组织及其体制不断完善；第十，武术教育在学校中广泛而全面开展。

无论是从唯物史观、文明史观、近代化史观、全球史观的角度，还是从现代化史观的角度来分析，现代化发展是中国武术适应现代社会发展的一个动态演进过程。

回顾中国武术的发展历程及其各个发展阶段，不难发现，中国武术的百余年现代化进程可谓曲折而又艰难，从一项古老的传统技击术逐渐发展成为现今较为成熟的现代体育运动，中国武术经历了一个全方位的现代化演进过程。这种演进不仅包括思想观念的转变、制度的变革、价值功能的拓展、组织管理的完善，还包括活动形式的转变、物质内容与文化内涵的不断丰富。武术的这种演进使其实现了从封闭、神秘、玄虚、保守向开放、科学、文明、进取的现代化转变；同时也使其逐步完成了从擂台、私斗、宗教祭祀礼仪等向现代大型体育竞技盛会、学校教育、文化艺术节、民俗盛会等的现代化转变。在此过程中，武术的价值功能不断丰富，无论是理论体系还是技术体系都实现了前所未有的发展，武术成为一种与现代社会联系广泛而紧密的现代体育项目。武术的现代化发展也是武术自身体系与现代社会相互融合、相互促进的一个动态发展过程，主要体现在大众健身普及、现代教育普及、国际化发展、武术产业形成、现代武术竞赛体系建立与完善、武术表演及信息传播、武术科学研究深入、武术管理组织及相关协会组建、现代武术文化发展等方面。

武术在从传统走向现代的过程中难免会遇到一些问题，既有历史遗留问题，也有现今发展中产生的新问题、新困境。在日韩武术风靡全球、地位日益稳固的背景下，中国武术是否该勇往直前？是否要矫正武术百余年发展中存在的一些过激倾向？是否该深入思考、全面衡量武术的现代化发展？答案是肯定的。因此，在处理武术传统与现代化转型的关系时，必须深入思考民族性与时代性之间的辩证关系；在把握武术本质与健身、教育、审美等功能的关系时，需要重新审视单一性和多元性的逻辑前提；在协调武术一元化与武术多元化发展的关系时，应该明确事物统一性和多样性的内在规律；在调整武术本土与国际化发展的战略关系时，应该仔细斟酌武术自身特点与外部文化氛围的矛盾，从而全面科学地把握中国武术的现代化转型，为中国武术的现代化发展奠定基础。

第三章 中国武术与日本武道现代化历程回溯

纵观中国武术百余年的现代化发展历程可以清晰地看到，不同时期的社会需求及其变化对武术现代化发展具有不同的意义。武术的现代化从以西方体育为范式进行改革，逐步走上探索适合自身的发展模式的道路，西化模式虽然加快了武术的现代化转型，但也为武术的现代化发展带来困难。武术现代化只有根植于传统才能创造未来。

第二节　日本武道现代化历程回溯

1964年，柔道作为奥运会正式比赛项目后，其全球化发展加速，成为率先实现民族传统体育文化现代化转型的典型实例。随后日本武道形成了以"柔道"为基准的现代化改革潮流，从学习西方文化、制度到器物，完成了由"术"至"道"的变革。

一、日本武道现代化转型在文化层面的应激与转变

（一）日本武道文化现代化转型初期武士阶级价值取向的转变

1. 从"学习传统"走向"认知现代"

日本以清政府为前车之鉴，主动走上"认知现代"的道路。日本武道现代化转型的催化剂是现代西方文化的强势崛起，但是让日本武士阶级的思想动向发生转变的触媒，是曾经作为日本人"心之故乡"的中国。早期日本以"尊崇中国"为主，学习儒家传统文化，以达到促进礼制社会形成的目的。

1862年，日本官方正式派遣官船"千岁丸"来华进行商贸考察，随行的武士大多具有较高的文化水平和敏锐的观察力，胸怀求知识于世界以助日本国富民强的大志，其中的高杉晋作、中牟田仓之助、五代才助等人都是日本明治维新改革派的有志之士，他们以这次访华为契机，通过实地考察中国社会，在学习交流的同时，总结清政府失败的教训，

在此基础上探索日本现代化发展的方略。这种在文化交流与学习过程中总结和吸取经验教训的做法，加速了日本武士倒幕维新思想的形成，推动了日本明治维新的进程。在这样的背景下，向来注重以强国为师的日本，逐渐舍弃了对"文化母国"的崇拜心理，将日本文化现代化转型的价值取向转到学习现代西方强势文化的轨道上来。幕末武士阶级的这种价值取向的转变，为日本武道的现代化发展奠定了必然与西方体育文化交融的基调。

2. 从"全盘西化"到"和魂洋才"

在明治维新初期，日本对西方制度、文化等的学习全面展开，学习西方的目标和方向十分明确，西方文明成果带给日本科技文明与思想开化的同时，也使日本陷入了传统遗失、全盘西化的误区，日本传统文化因此受到严重打压，复兴传统迫在眉睫，日本政界和武士阶级经过反思与商讨后，提出了具有和洋折中特质的"和魂洋才"思想，它实际上是日本旧有的武术伦理观点，经过筛选和转化，适应了现代西方资本主义的需要。"和魂洋才"是日本传统文化与现代化关系的生动体现，间接反映了日本武士阶级从"以西化为主旨"回归到"忠君爱国、忠孝一体"的传统价值取向。以"和魂洋才"的理念和模式来指导日本武道对西方体育文化的吸收，成为促进日本武道现代化转型的催化剂。

（二）现代体育观的形成促使日本武道现代化转型进一步发展

民众如果不能随着生活方式的改变及对科学技术认识的加深而培育出自己的体育意识或思想的话，那么从民间产生的形成现代体育的能量及现代体育创造性发展的能力就会变弱。由此可见，日本武道的现代化转型属于"后发外发式"更新，取决于国民的体育意识，因此日本民众的体育观就成为影响日本武道现代化转型的关键因素之一。

1. 福泽谕吉"独立精神"与"体育目的论"的奠基

福泽谕吉（1835—1901 年）是日本近代著名启蒙思想家、明治时

第三章 中国武术与日本武道现代化历程回溯

期杰出的教育家,其体育思想对日本武道现代化转型起到重要的促进作用,他主要出版了《文明论概略》和《劝学篇》两本著作,提出"一身独立则一国独立"的思想,提倡个人独立自主的国民精神,间接地表明了在应对西方体育文化冲击时,建立具有自主性的"日本精神"的重要性,为日本武道的发展指出了一条用本国武道文化来应对西方体育文化的冲击,并保持日本武道特有性质的道路。

福泽谕吉强调了日本武道对教育的重要意义,他提出:"将作为练兵的运动,诸如剑、枪、柔术、体操、乘马、远足等吾辈所见之方法,设为学校教育的一科,乃最有效的方法。"福泽谕吉所倡导的"独立精神"的思想与嘉纳治五郎现代柔道体育化的理念不谋而合,是现代日本武道改革的思想源泉,也是日本武道现代化转型的思想源泉。

2. 嘉纳治五郎三育主义下的柔道改革

1873 年,任职于日本教育系统的美国人马里向日本政府申请创设"学监申报",提出身体锻炼方法与保健知识应通过教育手段传达,这一思想对日本学校教育方针产生了深刻影响。1876 年以后,在各种各样的书籍版本中就出现了今天的智育、德育、体育三育主义思想。其中,英国人 Subensa 的著作 Education Intellectual Moral and Physical(1879 年被译为日语)极大地影响了嘉纳治五郎,触发了他将传统武术转变成体育运动的构想。① 随后他便提出运用西方力学原理对柔术技术进行说明:"传统教习柔术的老师不以阐述柔术技术原理为主,这是由于前辈不是基于现代科学理论进行传授的,而讲道馆的柔道几乎是基于科学原理进行解释和练习的。"即柔道理论其实是用科学原理对柔术中那些晦涩难懂的部分重新解释构建起来的。从以上分析可以看出,嘉纳治五郎是立足于现代科学原理来区分柔术与柔道的,体现了柔道在某种

---

① 马晟. 嘉纳治五郎与柔道"身体"创造的研究[J]. 体育学刊,2019,26(6):35-40.

意义上是对传统柔术的一种延续,而柔道理论(包括体育法和修心法)则是与传统柔术的"决裂",这便是其具有独到意义之处,它实现了与日本近代学校三育主义(德育、智育、体育)教育原理的结合。这种在西方三育主义理念影响下产生的柔道理论是日本武道现代化转型的"拐点",它使日本武道在理论基础上实质性地完成了与西方外来文化的对抗融合,柔道自身蕴含的西方科学主义精神是日本武道现代化转型的典型代表。

二、日本武道现代化转型在制度层面的调试与选择

日本"现代国家"目标的制定,极大地推动了西方先进文化的输入,进而推动了日本教育体制的改革,推动了现代产业的发展。在这样的社会背景下,武道作为学校教育的一部分,在制度层面制定了一系列的现代化转型措施。

日本现代体育是作为日本现代学制与军制改革的一部分而萌生的,因此,必然与日本的教育和军事一样,受到西方文化的影响和冲击。而日本武道从传统走向现代的过程,正是在这样的时代背景下,以摄取欧美体育思想为主轴来开启的。

(一)日本教育体制现代化转型的调试

1871年,日本设立文部省,参照欧洲国家的教育制度对本国教育进行全面改革。1872年,文部省颁布《学制令》,标志着日本教育体制改革正式开始,但是,由于改革内容趋向"全盘西化",激起国内关于传统文化传承问题的争论,促使日本教育体制改革不断调试与修改,回归适合日本教育发展的轨道。1886年,文部省颁布《学校令》,标志着日本学校体系基本建成,该体系在保留日本传统教育方式的前提下,实行西方教育体制,为日本教育体制现代化转型打开了突破口。而后,随着1889年《大日本帝国宪法》及1890年《教育敕语》的颁布,日本

第三章　中国武术与日本武道现代化历程回溯

的教育体制回归天皇制国家主义基调。综上可知，日本政府对教育体制的改革，由过于注重西化逐渐转向适应日本教育发展的方向，这是日本对教育体制现代化转型的调试，潜移默化地影响着日本武道的现代化进程，为日本武道现代化转型奠定了社会环境基础。

（二）日本武道现代化转型的调试

日本武道在现代化转型过程中进行了一系列调试，日本体育界的有识之士认为日本武道的现代化转型必须依靠漫长的教育手段进行干预，从文部省颁布的行政令中也可间接看出日本武道在现代化转型过程中对自身制度的调试。1880年以后，日本体育界提出把武道项目纳入学校教育系统，在此基础上，1911年文部省修订了《中学校令施行规则》，将击剑和柔术加入学校教育的正课，但学校对此重视程度很低，其主要原因便是武道项目难以规范化，在课堂上难以实施与评价。随着对日本武道现代化转型的不断摸索，1912年大日本武德会制定了通用的"形"，并创编了《日本剑道形》，剑道在学校教育标准化问题上有了新突破。

在"和魂洋才"思想的指导下，日本武道逐步统一了技术、理论等内容，走上"标准、竞技"又不失传统的现代化之路。① 1928年，全日本学生剑道联盟成立，举办了第一届全日本大学、高专剑道大会，当时有32所学校参加，1940年增加到90所学校。在这期间，各大学和高专作为主办方举办的中等学校剑道大会在全国各地兴起。1929年、1934年、1940年举行了3次天览武道大会，从此全日本练习剑道的人数飞速增长。② 日本文部省在1931年（昭和六年）将剑道定为中等学校必修课，1936年（昭和十一年）初次制定中等学校的《剑道教授要

---

①　潘冬．中日文化交流视域下的日本武道现代化转型及其启示［J］．暨南学报（哲学社会科学版），2016，38（7）：95-102．

②　杨敢峰，周春晖．历史学视野下日本剑道技术变迁之研究［J］．体育科研，2018，39（5）：15-21．

目》，每学年的教授内容被明确。1936年3月，日本要求国民学校五年级以上的男生必须学习剑道、柔道课程，"体操科"改名为"体锻科"，"锻"在日语中指"培养意志品质、促进人格修养"，变更后的名称具有武道文化标识，体现日本强调体育中本土文化的生长，注重武道体育化的发展，意味着日本武道有信心在保持初心、继承传统的前提下，向更加科学、现代、精准的方向发展。日本武道在现代化转型的调试过程中，逐渐回归传统，体现出"文化认同""文化自觉"，这对中国武术的现代化发展具有很大的启示作用。

（三）日本社会对现代化方式的认知和选择

日本将西方国家的现代化水平作为其现代化发展的目标，并设计了一条以西方文明为标杆的发展路线。基于此，日本的有志人士提出了"学习西方文明，应该先难后易，先改革民心，转变国家之'风气'，再改变'政令、法制'，最后才是改善民生"。由此可见，日本社会在认知西方文化时，细致地分析了西方文化与本土文化的适配性。在化解日本现代化过程中传统与现代、东方与西方价值体系的矛盾时，中村正直（1832—1891年）认为西方的基督教文化可以培养人的敬天爱人之心，而东方的儒家文化也具有同等作用，要消除东西方文化紧张对立的关系，使东方儒家思想与西方宗教伦理思想并行不悖。日本在现代化过程中不断吸收儒家思想的精华，逐渐形成了适用于调和中西方文化冲突的新儒学。新儒学成为日本在文化现代化转型中保持文化认同的有效思想资源，为日后日本现代化转型中儒家人文精神与民主自由思想的融合打下坚实基础，同时也为日本武道现代化转型中传统技艺与现代理念的融合奠定基础。

（四）日本武道对现代化方式的认知和选择

柔道是日本武道现代化转型成功的典型案例，是最早进入奥运会的亚洲项目。柔道在柔术技术的基础上，注重"心法"在对抗中的地位，

第三章 中国武术与日本武道现代化历程回溯

以修炼精神、培养人格为目的。柔道在现代化转型中也经历了从矛盾冲突到融合转型的过程，经过不断认知与选择，创新出当今的柔道项目。以柔道为标杆，剑道在世界范围内的发展也相当不错，仅中国就有4万以上的练习人群。取得这样好的传播成绩是因为剑道界改革先驱为其奠定了深厚的理论基础。

山冈铁舟（1836—1888年）是使江户时代的剑术向现代剑道转型的标志性人物，他在保存传统武士文化的基础上，融合现代西方体育的特征，对传统的"以杀人为目的"的剑术进行了现代化改革，吸收了西方"精准、胜负、科学"的技术理念，但并没有全盘依赖于西方体育竞技化的特征，而是综合日本"忠君爱国"的思想来强调精神修养的重要性，提倡技法与心法的统一，达到磨炼意志、淬炼品质的目的，这种由剑术向剑道的革新，淡化了固有的胜负观念，更加注重人格品质的修行。1882年，山冈铁舟创立春风馆，将"剑术是修养"这一理论广为传播，在此基础上，剑道逐渐完成了由"术"至"道"的现代化转型。

综上可知，日本武道在对现代化方式的认知和选择上，延续了日本社会环境总体意识，注重"传统"，在此基础上，完成了"术"变"道"的过程。

三、日本武道现代化转型在器物层面的探究与改革

（一）国家层面下日本武道现代化转型的制度化探索

明治维新初期，受西方体育教育思潮影响，"体操"成为日本学校体育教育的核心内容，与此同时一系列球类运动开始涌入日本校园，对日本传统体育造成极大的冲击，日本武道首当其冲。在这样的社会背景下，日本体育界开始反思和探索具有日本优秀传统文化因子的武道能否在赋予新的价值认识的基础上适应现代学校体育发展的问题。

在 1883 年至 1905 年的 20 多年间，文部省开展了数次关于将柔术、剑术作为学校正科的调查，均未能改变日本传统武术在学校教育体系中的边缘地位，但是复兴日本武道的呼声依然很高，在国家意识主导下，日本社会形成了支持武道发展的局面。

基于日本不同团体的努力，在社会需求的刺激和推动下，文部省于 1931 年修订并颁布了《中学校令施行规则》，其中第十三条规定："日本体锻课应当以体操、操练、剑道、柔道、游戏和竞技为教授的主要内容，其中，剑道和柔道是我国的武道项目，适合培养国民精神和锻炼身心，应该将二者其中之一作为学校体育的必修课程。"该法令的颁布，标志着日本武道在适应现代教育过程中取得了质的发展，也标志着日本武道的现代化转型日趋成熟，说明日本武道在发挥教育价值的同时，也实现了法令化、制度化的发展。

（二）社会层面下日本武道现代化转型的项目化探索

1. 由"术"至"道"之柔道的现代化转型

嘉纳治五郎对柔术的现代化改革使柔道成功进入奥运会，对其他武道项目的现代化转型起到指引作用，他掀起了日本武道项目由"术"至"道"的现代化转型浪潮。嘉纳治五郎主要从以下几个方面对柔术进行现代化改革：

第一，在文化层面，吸收了欧美体育思想，其中包括英国的合理主义体育观和三育主义教育思想，对柔术进行赋予其现代体育形式的改造，这成为柔术走向现代化的持续动力。另外，在柔道精神方面，嘉纳治五郎倡导"精力善用，自他共荣"的观念，明确提出"体育、胜负、修心"的三大目标，按照现代教育的形态来创立讲道馆柔道。

第二，在制度层面，嘉纳治五郎致力于技术、手段等方面的创新，致力于发展作为"体育法""胜负法""修心法"的柔道，鼓励持之以恒地修炼，实行讲道馆段位制，为柔道体系化、现代化发展奠定坚实的

第三章　中国武术与日本武道现代化历程回溯

基础。

第三，在器物层面，嘉纳治五郎注重柔道的国际化传播，强调"一身独立则一国独立"的精神，进而体现日本包容开放、现代化发展的国家形象。

2. 由"术"至"道"之剑道的现代化转型

以柔道改革为范例，剑术也逐渐走上现代化转型之路。剑术是日本武道项目现代化发展中最特殊的一项，剑术由于在战争中的特殊作用，一直备受日本政府推崇，因此剑术的现代化转型是日本社会普遍关心的问题。

日本法西斯战败后，剑术发展日渐式微，剑术界人士开始摸索以体育形式复兴剑术的道路。1949 年，《武道鉴定中的剑道鉴定种目》① 正式实施，"斩刺"等危险性动作被剔除，剑道更加重视"击打""挥击""躲闪"等动作，在技术上完成了由"术"至"道"的现代化转型。经过不懈努力，全日本剑道联盟于 1952 年成立。1950 年（昭和二十五年），日本按照西方竞技体育赛事的竞赛方法举办了竹刀竞技比赛，并成立了全日本竹刀竞技联盟，该联盟于 1954 年加入全日本剑道联盟。此后，全日本剑道联盟举办了多种多样的剑道比赛，如全日本剑道联盟京都大会（现为全日本剑道演武大会）、全日本都道府县优胜大会、全日本剑道选手权大会等，通过这些大会的成功举办，剑道的普及、奖励等方案逐渐成熟，在各种制度得到完善后，日本剑道得以再次兴起。与此同时，社会、学校掀起了剑道复兴热潮，1955 年剑道加入日本国民体育大会；1958 年，日本体育协会重新修订中学《学习指导要点》，明确将剑道表述为"锻炼身心的竞技体育项目"。在剑道由"术"至"道"的现代化转型中，剑道技术逐渐趋于简单化，技术动作类型由 17 种简化为 7 种。另外，出于安全考虑，基本技术中注重练习承受方法，

---

①　《武道鉴定中的剑道鉴定种目》由日本文部省在 1943 年颁布，但正式实施是在 1949 年。

这种保护对手意识的产生标志着剑道逐渐注重体育化、体系化发展，也标志着日本武道现代化转型在制度层面日趋成熟。

第三节 案例分析：日本武道技术层面现代化转型研究——以剑道为例

剑道作为日本的民族传统体育项目，随着社会的发展和时代的变迁，逐渐形成现代化的技术体系。本小节运用文献资料法等研究方法，从日本剑道的发展入手，对剑道技术的变迁进行研究，对剑道的发展进行剖析，以期为中国对抗性器械项目的现代化发展提供借鉴。研究表明：日本剑道技术现代化转型的过程，就是由以源于战争、用于战争的杀伐技术为主的剑术发展到崇尚身心锻炼的体育化的剑道，为战争服务，以斩击、斩刺技术为主的异化剑道，在日本法西斯战败后转向现代体育范畴，以教育之剑道、体育之剑道流传至今，演化出现代化的剑道技术体系。日本剑道在现代化发展过程中始终以实战技击为基础，这为中国对抗性器械项目的现代化发展提供了借鉴。

一、日本古刀剑术的起源与发展

日本剑道是以日本传统文化为理论基础，从使用日本刀剑演变成使用竹刀竞技的武道项目。现代日本剑道是在长期的历史背景下及时代变迁过程中，继承和发展日本刀剑术特点，发展成穿戴护具、手持竹刀，进行一对一格斗比赛的竞技体育项目，也是通过修炼剑的理法来完善人格的独特的武道项目之一。日本剑道由原来的日本刀剑术中的劈、斩、刺等以杀伤为目的的武术演变成运用竹刀击打、刺击得分部位而获胜的现代竞技体育项目。

公元前1世纪到公元1世纪，日本人主要使用青铜器，在北九州地

第三章　中国武术与日本武道现代化历程回溯

区铜剑、铜戈开始用于战争，濑户内海沿岸留有集团作战的痕迹，人们为了使狩猎用的弓箭适用于战争而对其进行了改造。公元2世纪左右，铁矿的发现和铁器的使用使石器慢慢消失，金属器时代，铜剑、铜戈等青铜器被作为祭祀的祭器使用，锹、锄头等农具及刀子、手斧等铁器工具开始被使用。对铁资源的争夺导致了广阔的政治联合，阶级矛盾的激化使大规模的战争爆发，这个时代中国的刀被引入日本，对战争产生了极大的影响。

公元4世纪到公元6世纪，铁器已经在日本普及，大和政权（日本贵族集团）的建立使国家权力进一步集中，姓氏制度确立，支配制度加强，主要的作战武器枪（冷兵器）被大刀取代，因此大刀的数量激增，占据了作战武器的主导地位。大刀、弓、战甲等作战工具具有特殊的象征意义，成为阶级的身份象征。之后，645年日本大化革新运用中国唐朝的律令制度，建立了以天皇为中心的中央集权制。645—794年，为了防止外敌入侵，日本在各地设立军团，军事武艺得到发展，为日本刀的发展奠定了基础。

794—1192年（平安时代），日本贵族阶级为了进一步扩大私有土地面积，开始招募武士团体，这种环境下内乱增多，武器被改造得更加精良，对武器的革新与发展产生深远影响，其中适合骑兵斩杀的刀渐渐演变为日本刀流传至今。

日本古代刀剑术起源于战争，也在战争中被运用到了极致。日本刀剑术的发展离不开武士阶级这个载体，更离不开战争的深刻影响。平安时代中期，"承平、天庆之乱"使武士阶级兴起，刀剑使用技术进一步发展。两大武士集团的首领平氏和源氏为了争夺霸权而斗争，武士的作战用器多以弓箭为主，而后源平之战的胜利方源赖朝开创镰仓幕府，在对武士的特殊训练中，自觉遵守一对一作战的思维方式，这种体现武士荣誉感的思维方式流传至今。

1393—1573年（室町时代）是日本武装暴乱的时代。日本南北朝战争以后，步兵的运用决定了战争的胜负，适用于骑兵单手使用的细身太刀，在这个时期转变为适用于步兵的以用于斩击战为主的长而重的太刀，大太刀用于战场作战和武者修行。掌权者招揽优秀武者，而武者获得名誉、传承剑术流派等现象一时间成为风潮，进一步推动了刀剑术的发展。1588年（天正十六年），日本政府发布"刀狩令"，兵农分离，刀剑作为祭器以艺能的表达方式在民间传承下来。近世中期，武艺在日本民间盛行。刀剑术在前人的基础上进一步发展，达到了新高度。近世初期战乱平息，和平时代的到来促进了实战性强的综合武术在日本的出现，这个阶段日本刀剑术空前发展。然而，在这一阶段，刀剑术用于杀伐的实战性技法被藏匿起来，留存下来的是尊重形式、华而不实的刀剑术风格，也是剑道现代化转型的雏形。直心影流的长沼四郎左卫门在1711—1716年（正德年间）、一刀流的中西忠藏在1751—1764年（宝历年间）分别对头部、腕部、腹部等部位的护具和竹刀进行了设计，"形"的修炼和竹刀打击"稽古"（练习和重复练习）登上历史舞台。1804—1844年（文化年间到天保年间），日本刀剑术有柳刚流、马庭念流、甲源一刀流、天然理心流、北辰一刀流、神道无念流、镜心明智流等流派，新兴流派积极地和其他流派进行比赛来壮大自己的门户，在这之中，北辰一刀流发展迅速，对现在的剑道影响很大。幕府末期是推动剑道现代化萌芽的关键时期，这一时期的剑术充满了活力，其间成立的剑术流派数量据今村嘉雄《十九世纪日本体育的研究》的记述有623种。综上所述，日本剑道的起源与发展始终离不开武士这一载体，日本武士阶级的兴起标志着刀剑术的发展。战争促进了日本古代刀剑术的诞生，土地资源的争夺、贵族阶级的斗争等都是引发战争的原因，因此在战争中使用的武器需要不断改良和革新，主要包括两个方面：第一，作战武器形态上的变化。早期作战武器以弓箭为主、刀为辅，以达到在近

第三章 中国武术与日本武道现代化历程回溯

距离可以自保自卫的目的，因此刀的尺寸大，但制作工艺一般。而后土地资源的争夺、武士团体的出现、舍己奉公的英雄主义氛围使日本武士阶级兴起，内乱的增加促使武器改造得更加精良，其中适用于骑兵斩杀的刀渐渐演变为日本刀，这种刀适用于集团骑射作战，刀身细而轻，制作工艺精良。在日本武装暴乱的乱世时期，骑兵单手使用的细身太刀演变为步兵使用的长而重的太刀，太刀制作精良，杀伤力强。近世战乱平息，为了方便武士日常训练，现代日本剑道的护具与竹刀产生了，竹刀一般而言没有杀伤力。第二，战争的出现，促进了日本刀的使用技术不断进步。战争时期，刀剑术以杀伤性的实战技术"劈、刺"为主，而和平时期，刀剑术以技术繁多的"打击"和"刺击"为主，几乎没有杀伤性。初期作为作战武器的大刀多以"砍、劈"为主要击杀技术，由于制作工艺一般仅适用于近距离的混战，所以杀伤力小。而后改良的适用于骑射的作战武器细身太刀，为适应骑兵单手握刀的需要而变得轻便，多采用"砍、劈、撩"等技法。适用于步兵的长而重的太刀，受刀的形状的影响，使用方法以双手持刀，"砍、劈、斩、刺"等技术为主，技术方法多样，为之后刀剑术流派的林立提供了技术要素上的支持。战事的平息使刀剑暂无用武之地，其用于杀伐的实战性斩杀技法被隐藏起来，注重形式的剑术风格流行开来，流派繁多。系统的"形"的修炼出现，竹刀成为刀剑的主要形式，技术方法繁多，以"打击"和"刺击"为主要技法，技术体系逐渐趋于完善，反映了日本早期的体育思想观念等。

从上述演变过程不难看出，为了满足战争的需要，达到作战目的，刀剑的形态发生了改变，刀剑的制作工艺水平不断提升，制作更加精良。为了发挥各种刀剑的优势，采用合适的技法作战成为重中之重，在这种情况下，刀剑术作为实战的杀伐技术逐渐完善、形成体系，为后世剑道的发展奠定了基础。

二、明治维新后剑道技术的变迁

（一）明治维新对剑道的影响——剑术现代化转型的萌芽时期

明治新政时期，废藩置县，藩校废止造成了日本剑术的衰退，"废刀令"的颁布使剑客和道场主无法维持生计。在这样的背景下，直心影流的代表、幕府讲武所教官榊原键吉提出了剑术公演提案，并于1873年在浅草搭建的棚子内进行击剑公演。公演主要内容包括剑术比赛，为了吸引更多的关注，当时的公演运用了曲艺的形式，使整个活动如同杂耍一般，丧失了剑术的本质特性，人气尽失。

嘉纳治五郎在1882年（明治十五年）提出"通过摔、压的技术动作来锻炼身心"，并融合柔道技术开设了柔道讲道馆。柔道的这种转型深刻地影响了剑术界，促进了剑术流派的统一，推动了教育剑道的发展。1895年（明治二十八年），国家武道团体，即大日本武德会在京都成立，副会长西久保弘道认为，正如讲道馆出身的练习者所说的，他们所学的技术名为柔道，"剑道"应与"柔道"相符，不能说"击剑"或"剑术"，"剑道"才是正确的名称。这样，以杀伐为目的的剑术被取消了，"通过技术锻炼身心"的教育剑道、体育剑道开始萌芽。

剑道是一种在拥有对手的基础上进行反复练习的对练运动，需要将尊敬对手、感谢对手的理念贯穿整个运动过程，这就对礼产生了要求。练习剑道的目的转变为通过技术的修炼培养优秀的社会人。由此，"击剑"和"剑术"这两个名称便演变为更具现代意味的名称——"剑道"。

在剑术向剑道转变的过程中，其练习的主要目的发生了质的变化，剑术是杀伐的技术，而剑道则作为锻炼身心的现代体育项目被推广。从大正后半期的《东京高等师范学校、武道专科学校团体教授法》等文件中可以看出，大正后半期剑道主要以竞技体育式的"打击"技术为主，教育性质明显。剑术转变为剑道之后，作为竞技体育项目和教育科

第三章 中国武术与日本武道现代化历程回溯

目的剑道立于日本社会改革发展的大潮之中。

(二) 全面侵华战争前剑道技术的微变(1937年以前)

全面侵华战争从1937年开始。全面侵华战争前,剑道技术的发展按时间段划分,从1868年明治维新开始到1936年,主要可分为两个阶段。

第一阶段为1868年明治维新开始至1930年。剑道在明治维新初期经历了衰退,1877年(明治十年)西南战争后,剑道重回人们的视野。1895年大日本武德会成立,剑道得到复兴和普及。1880年(明治十三年)以后,日本体育界建议把武道项目作为正规课程编入学校教育。经过酝酿,1911年(明治四十四年)日本文部省对《中学校令施行规则》中的一部分进行修订,添加击剑和柔术,虽然允许将这两个项目编入正课,但它们不属于义务教育的内容。1912年,大日本武德会制定了通用的"形",并创编了《日本剑道形》,剑道在学校教育标准化问题上有了新突破。

日本大学和高等专科学校的剑道课外活动从1877年开始开展,1897年以后,日本各学校均有丰富多彩的剑道活动。1913年(大正二年)京都帝国大学举办了第一届全国高等学校的剑道大会,1914年(大正三年)举办了第一届明治神宫竞技大会,同年东京帝国大学举办了第一届全国高等专科学校剑道大会。1928年,全日本学生剑道联盟成立,举办了第一届全日本大学、高专剑道大会,当时有32所学校参加,1940年增加到90所学校。在这期间,各大学和高专作为主办方举办的中等学校剑道大会在全国各地兴起。1929年、1934年、1940年举行了3次天览武道大会,从此全日本练习剑道的人数飞速增长。

日本文部省在1931年(昭和六年)将剑道定为中等学校必修课,1936年(昭和十一年)初次制定中等学校的《剑道教授要目》,每学年的教授内容被明确。1936年3月,日本要求国民学校五年级以上的男生必须学习剑道、柔道课程,"体操科"改名为"体锻科"。在政府的高度重视下,大日本武德会的地位得以彰显。这个阶段的剑道完全向着竞技体育的方向发展,目的是让学生了解剑道术理、培养坚强的意志品质,在这期间剑道的发展符合竞技体育的所有特点,具有一套系统的竞技规则和判罚标准,技术练习安全性高,符合竞技体育精神的基本准则。1931年以前,剑道教育趋向礼仪化、竞技体育化,其技法以打击为主,特别体现在武道专科院校的课程中,大运动量和丰富的打击技法符合竞技体育的发展方式,在这期间,剑道作为以"锻炼身心"为目的的竞技体育项目被推广和普及。剑道从衰落走向复兴,这个过程依然离不开日本国内战争的作用,如1868年戊辰战争、1877年西南战争等,这些战争都直接或间接地对剑道的发展产生影响。原始的剑术转变为剑道,虽为应对战争保留了杀伤性的实战技法,但依然阻止不了剑道朝着竞技体育方向发展的趋势。总而言之,该阶段的剑道是教育之剑道、竞技体育之剑道。

第二阶段为1931—1936年。此时日本入侵朝鲜半岛和中国台湾,并已经实质性占领中国东三省。1876年,日朝签署《江华条约》,日本打开了朝鲜国门。1910年,日韩签署《日韩合并条约》,至此,韩国正式并入日本。朝鲜半岛遂成为日本的殖民地,直到1945年日本投降。

1895年4月17日,中日甲午战争中清政府战败,中国台湾被割给日本。为了满足对外侵略和扩张的需求,日本各界进行了充分的准备,其中也包括日本的体育界。1931年,日本对中学武道项目进行修改,将武道提升到日本传统文化的高度,要求师范学校、中学的男子必须学习剑道和柔道。1936年,日本第二次修正《学校体操教学纲要》,规定剑道和柔道是师范学校、中等学校及职业学校中的必修课,全民在练习剑道的过程中,重点掌握剑道技术,学会日本刀的使用方法,从而为全面发动战争做准备。

第三章　中国武术与日本武道现代化历程回溯

(三) 战时剑道技术的异化 (1937—1945 年)

1938 年，日本公布并实施《国家总动员法》。该法赋予国家全面征用发动战争所需的人力、物力资源的权力。另外，1938 年日本议会提出了"关于武士振兴的建议"，认为中日甲午战争、日俄战争的获胜是"大力锻炼武士精神、训练武士的结果"。为了发动战争，日本政府除动员人力、物力外，还特别重视精神力量的开发，作为军国主义的武士道精神被大力推崇。在这个时期，日本学校体育中娱乐的体育被否定，一切体育都成为培养国防力量和战斗力的手段，特别是培养武士道精神的武道教育受到了重视。1942 年《国民体炼科教学纲要》把体操科和武道科合成体炼科，男子学习柔道和剑道，女子学习长刀。1943 年《师范学校体炼科教学纲要》和 1944 年《中学体炼科教学纲要》指定男子的武道学习内容是拼刺刀技术。1937 年《东京高等师范学校、武道专科学校团体教授法》表明昭和初期剑道已转变为"斩杀"的实战技术，该文件规定剑道以斩击技术为主，完全淡化礼节，为作战提供了技术支持。1942 年日本政府颁布的《国民学校体炼科教授要目》中明确规定日本公立学校体炼科必修项目包括四个方面，即基本技术、身体运用、实战姿势及需重复练习的内容。这四个方面围绕斩刺技术进行教授，实战性强，文件特别强调斩刺技术作为杀伐技术，需要重复练习，以为战争服务。1943 年，日本对外侵略战争进入白热化阶段，日本政府颁布《武道鉴定中的剑道鉴定种目》，设定初级、中级和高级三种鉴定等级。三种鉴定等级的内容惊人的相似，都以身体不同部位的斩刺技术为主，考核内容几乎一样。这个时期，在对外侵略战争的影响下，剑道发生了异化，虽仍称为"剑道"，却不以锻炼身心为目的。战前和战时日本剑道技术的变迁如表 3-1 所示。

表 3-1 战前和战时日本剑道技术变迁

时间	战前（1868—1936 年）		战时（1937—1945 年）		
	1925 年以后	1936 年	1937 年	1942 年	1943 年
出台文件	《东京高等师范学校、武道专科学校团体教授法》（大正后半期）	第二次修正后的《学校体操教学纲要》	《东京高等师范学校、武道专科学校团体教授法》（昭和初期）	《国民学校体炼科教授要目》	《武道鉴定中的剑道鉴定种目》
技术体现	1. 以打击为主的技术动作 2. 技术方法丰富、复杂 3. 注重礼仪 4. 注重课程流程	1. 以打击为主的技术动作 2. 全民学习剑道技术	1. 武道专科学校改为以斩击为主的技术动作 2. 武道专科学校改为以斩击为主的技术动作后，技术方法精而少、单一化 3. 完全淡化礼仪 4. 无课程流程	1. 以斩刺为主的技术动作 2. 提供身体各部位的斩击和刺击技术方法 3. 提供的斩刺技术简单而精练 4. 强调重复练习斩刺技术 5. 淡化礼仪	1. 以斩刺技术为主的比赛出现，能够在实战情景中练习技术 2. 淡化礼仪
技术关键词	"打击""刺击"	"打击"	"斩击"	"斩刺"	"斩刺"
技术杀伤性	弱	弱	强	很强	很强
体育性	强	强	几乎没有	没有	没有
目的	锻炼身心	提高身体素质	为战争做准备	为战争服务	为战争服务

这个时代的武道被定位成日本传统文化的一部分，而后受社会、战争等因素的影响，武道本身的传统性被重视，提倡以"刚健敢为的身心、勇敢的攻击精神、必胜的信念、无畏的献身精神"为目标，使武道成为培养国防力和兵力的手段。

（四）战后异化剑道向体育剑道的转变（1945 年以后）

第二次世界大战结束后，1945 年（昭和二十年）联合国军总司令部

第三章 中国武术与日本武道现代化历程回溯

禁止日本学校开设武道课程。1946年,"武道"这一名称也被禁用,各种武道团体、剑道活动受到限制,大日本武德会解散,日本内务省下发行政令,解散各武道团体及对相关人员追加处分。联合国军总司令部对武道中的剑道活动限制得非常严格,理由是剑道是鼓舞军国主义的一部分,也是军事训练中的重要部分。在这种状态下,日本各地还是积极保存了剑道的命脉,此时剑道的发展非常困难。1950年(昭和二十五年),竹刀竞技以类似竞技体育的方式被设计出来,全日本竹刀竞技联盟成立。1952年4月,在《旧金山对日和平条约》生效前,剑道"复活"活动在各地活跃起来,1952年10月14日,全日本剑道联盟成立,剑道的发展进入新的摸索阶段。1953年5月1日,剑道成为日本社会体育的一部分。1954年(昭和二十九年),全日本竹刀竞技联盟加入全日本剑道联盟。在各种制度得到完善后,日本剑道得以再次兴起。全日本剑道联盟于1953年(昭和二十八年)举办了全日本剑道联盟京都大会(现为全日本剑道演武大会)、全日本都道府县优胜大会、全日本剑道选手权大会,通过这些大会的成功举办,剑道的普及、奖励等方案逐渐成熟。同年,日本高中、大学的课外活动中有了剑道课,警察剑道也逐渐恢复。1955年(昭和三十年),全日本剑道联盟加入日本体育协会,同年秋,在日本第十届国民体育大会中剑道成为正式比赛项目。剑道在这之后发展顺利,警察、学校、实业团体等组织中的剑道团体发展成熟。1958年,日本体育协会对中学《学习指导要点》进行了修订,剑道等项目变成了锻炼身心的普通竞技体育项目。这个时期的日本体育教育同战前一样,所有军事教学内容全部被禁止,转变为"民主"的体育,趋向美国式的学校体育。战后的剑道被迫褪去军国主义的外衣,逐渐演变成竞技体育项目。日本各地赛事的举办,使战时具有杀伤性的异化剑道转变为以运用技术击打有效得分部位为主的竞技体育剑道,剑道技术为比赛服务,剑道技术具有竞技性和系统性。战后日本剑道技术的变迁如表3-2所示。

表3-2 战后日本剑道技术变迁

年份	1952	1953	1958	1966	1982	1993
基本内容	实战姿势 身体运用	1. 实战姿势 2. 身体运用	1. 实战姿势 2. 身体运用	1. 实战姿势 2. 身体运用	1. 实战姿势 2. 身体运用	1. 实战姿势 2. 身体运用
基本技术	1. 击打各保护部位 2. 挥击方法 3. 打击方法	1. 打击方法 2. 还击方法 3. 挥击方法	1. 打击方法 2. 还击方法 3. 挥击方法	1. 打击方法、刺击方法 2. 承受（掷打击）方法 3. 还击方法 4. 挥击方法	1. 打击方法 2. 承受方法 3. 挥击方法	1. 打击方法 2. 承受方法 3. 挥击方法
技术应用体现	1. 着手技（9种） 拨击技 跳击技 出端技 担击技 退击技 卷技 二段三段技 单手技 上段技 2. 应用技（5种） 承受技 任上擦击技 打落技 阻挡反击技 躲闪技	1. 着手技（6种） 拨击技 担击技 出端技 退击技 二段三段技 单手技 上段技 2. 应用技（4种） 任上擦击技 打落技 阻挡反击技 躲闪技	1. 着手技（7种） 拨击技 担击技 出端技 退击技 二段三段技 单手技 上段技 2. 应用技（4种） 任上擦击技 打落技 阻挡反击技 躲闪技	1. 着手技（5种） 拨击技 出端技 退击技 二段三段技 单手技 2. 应用技（4种） 任上擦击技 打落技 阻挡反击技 躲闪技	1. 着手技（4种） 拨击技 出端技 退击技 二段三段技 2. 应用技（4种） 任上擦击技 打落技 阻挡反击技 躲闪技	1. 着手技（4种） 拨击技 出端技 退击技 二段三段技 2. 应用技（4种） 任上擦击技 打落技 阻挡反击技 躲闪技

资料来源：根据日本文部省1952—1994年出台的文件整理而成。

第三章 中国武术与日本武道现代化历程回溯

从历史的角度看日本剑道技术在不同阶段的发展（表3-3）可以发现，在战争的特殊时期，日本武道教育是为军国主义培养军事人才的手段，战后社会武道活动和学校武道教育一度被禁止，为了"复活"武道，日本武道界强调武道的体育性，学校设计的武道教育与其他的现代竞技体育项目一样是为了使学生的身心得到健全发展，这时的武道项目是一种单纯的竞技体育项目。剑道教育是站在"体育本质"的基础上强调剑道属于普通格斗类竞技体育项目。这样，在战争中异化的剑道在战后再次转变为教育之剑道、竞技体育之剑道，竞技体育属性明显，竞技化的剑道迅速发展起来。

表 3-3 日本剑道技术变迁

时间 名称	1868—1936 年	1937—1945 年	1945 年以后
	剑道	剑道（异化）	剑道
基本内容	1. 礼仪 2. 实战姿势 3. 身体运用 4. 各保护部位的打击	1. 礼仪 2. 架势 3. 身体运用 4. 斩刺技术的重复练习	1. 礼仪 2. 实战姿势 3. 身体运用 4. 各保护部位的打击方法 5. 各保护部位的承受方法
技术内容	1. 打击 2. 还击 3. 刺击	1. 斩击 2. 刺喉	1. 打击 2. 还击 3. 刺击
技术应用体现	1. 着手技（7种） 拨击技 跳击技 出端技 退击技 卷技 二段三段技 上段技	1. 架裟斩 2. 二段三段斩击 3. 拨击斩击 4. 躲闪斩击 5. 切落斩击 6. 针对刺喉的应用技术	1. 着手技（9种） 拨击技 跳击技（发展至今逐渐淡化并取消） 出端技 担击技（发展至今逐渐淡化） 退击技 卷技 二段三段技 单手技 上段技

续表

时间	1868—1936 年	1937—1945 年	1945 年以后
技术应用体现	2. 应用技（4 种） 往上擦击技 打落技 阻挡反击技 躲闪技		2. 应用技（5 种） 承受技 往上擦击技 打落技 阻挡反击技 躲闪技

三、结论

第一，日本剑道经历了剑术起源与兴盛、明治时期剑术向剑道转化、战前剑道技术微变、战时剑道受军国主义和战争影响向注重杀伐实战技术异化、战后剑道重新回归现代竞技体育范畴的过程。从中可以看出剑道技术流变的过程，从源于战争、用于战争的以杀伐技术为主的剑术到崇尚锻炼身心的体育化的剑道，到为战争服务以斩击、斩刺技术为主的异化剑道，再到战争结束后异化剑道回归现代竞技体育范畴，以教育之剑道、竞技体育之剑道流传至今，形成了一项具有独特的传统文化特点的现代体育运动项目。日本剑道在发展过程中始终以实战技击为基础，这为中国对抗性器械项目的现代化发展提供借鉴。

第二，在战争时期，剑道的名称虽没有改动，但其练习目的与练习技法完全不一样，被称为异化的剑道。与战前的剑道相比，异化的剑道的作战技术以"斩击""斩刺"为主，作为杀人技被运用在战场上，此时剑道完全摒弃了"锻炼身心"的初心，被作为异化的剑道为战争服务。

第三，剑道为了适应社会的变迁和发展，不断进行自我革新，现代化的剑道技术体系日益丰富、更具有系统性，剑道礼仪显得尤为重要，社会因素影响着剑道技术的发展，同时剑道技术的变迁也在一定程度上反映了社会需求的变化。日本剑道的发展始终立足于技击本质，这既是日本剑道能够在历史潮流中经久不衰的主要原因之一，也是日本剑道在现代化转型中取得一定成就的主要原因之一。

第四章 中国武术与日本武道现代化转型指标分析

日本武道与中国武术在文化上同宗同源,作为展现两国各自文化底蕴的民族传统体育项目,其现代化发展具有重要意义。本研究通过文献法,梳理出影响中国武术与日本武道现代化发展的系列指标(附录一),并在咨询相关专家意见的基础上(附录二和附录三),最终构建出了由5个一级指标、9个二级指标和24个三级指标构成的中国武术与日本武道现代化发展评价指标体系(表4-1)。

表4-1 中国武术与日本武道现代化发展评价指标体系

一级指标	二级指标	三级指标
普及	保障条件	活动经费来源 在社会体育指导站项目的覆盖率
	普及程度	社会群众性组织的数量 国内练习人数
竞技	竞赛	国内具有段位的人数 进入奥运会 举办国内权威赛事场次(以2019年为例) 举办国际赛事场次(包含最权威赛事的当年)
信息	传播资源	各类网站数量 报刊种类数量

续表

一级指标	二级指标	三级指标
信息	传播效果	国际性竞赛国数量占会员国数量的比例（以最近具有国际权威的赛事为例） 国际化程度 全球习练人数 国际会员组织数量 赛事的上座率 分布于各大洲的情况
管理	管理体制	行政与社会管理体系的完善程度 管理制度的完善程度
	管理手段	管理手段的网络化程度 管理机构与组织拥有专门网站的数量
文化	文化意识	民族的传统武德意识 国民的文化意识
	文化行为	武礼的推广和采用 赛场的文明程度

首先，选取日本武道中的空手道和剑道作为测评对象，前者属于徒手武技，后者属于器械武技，总体上符合武术复杂多元的特点；其次，考虑到现代化的特点，选取以空手道为代表的奥运项目和以剑道为代表的非奥运项目。综合以上两点，这样的选择有利于观察中国武术与日本武道之间存在的差异。

第一节 中国武术与日本武道普及指标分析

从《奥林匹克宪章》的表述中可以看出，普及程度对项目进入奥运会有至关重要的作用。普及指标下设保障条件和普及程度2个二级指标。其中，保障条件指标下又设2个三级指标。第一，关于活动经费来源指标的分析。武术是中华民族传统文化的代表，为了继承和发扬武

第四章 中国武术与日本武道现代化转型指标分析

术,我国政府出台了一系列文件,如《中国武术发展五年规划(2016—2020年)》《武术产业发展规划(2019—2025年)》等。相比于其他项目,中国武术始终处于"被扶持"的特殊地位,因此,武术活动经费多为政府支持,其次为社会赞助、赛事段位盈利等,后者所占比例较少。同样,日本对武道的发展也非常重视,与中国不同的是,日本民间对武道的认同感与支持度较高,民间财团组织资助空手道、剑道等武道项目的资金占比较大。此外,空手道与剑道的活动经费来源渠道多元,包括日本事业团体、财团组织、政府部门、活动收入等渠道,社会方面对空手道与剑道的资助占其活动经费的一半以上。通过访谈佐藤成明老师得知,仅2019年度全日本剑道联盟事业活动收入(主要包括赛事、段位审查、讲习会等活动收入)就达到699 143 000日元,同年的事业活动支出为691 624 000日元。由此可见,日本剑道赛事的筹划与开展可以做到自给自足、持续发展,日本武道(剑道、空手道)活动经费来源渠道多元。

第二,关于在社会体育指导站项目的覆盖率指标的分析。2010年9月,中国武术协会在总结大会上指出,武术作为全民健身活动中的重要组成部分,60%以上的社会体育指导站均设有武术内容,甚至以武术尤其是太极拳为主要活动项目,太极拳在社会体育指导站中发挥了巨大作用。运用专家访谈法对在社会体育指导站武道项目的覆盖率做了调研,结果发现,日本社会体育指导大部分在"武道馆""公民馆"等场所进行,特别是"公民馆"具有项目多样、时间灵活、师资丰富的特点,在以"公民馆"为代表的社会体育指导站,剑道项目的覆盖率达到95%以上,而空手道项目的覆盖率达到90%以上(表4-2),这与日本国内"武道必修化"政策有很大关系。

表 4-2　中国武术与日本武道普及指标量表

一级指标	二级指标	三级指标	中国武术	日本剑道	日本空手道
普及	保障条件	活动经费来源	单一	多样	多样
		在社会体育指导站项目的覆盖率	60%以上	95%以上	90%以上
	普及程度	社会群众性组织的数量	32 个	57 个	59 个
		国内练习人数	无统计学数据	2 000 000 人以上	2 000 000 人左右

普及程度指标下设 2 个三级指标。第一，关于社会群众性组织的数量指标的分析。考虑到中日两国三级组织单位更替、撤销等问题，该指标按两国协会、联盟下的一级组织单位数量进行统计，以保证数据的有效性。中国武术协会官网共注册 32 个组织、全日本剑道联盟官网共注册 57 个组织、全日本空手道联盟官网共注册 59 个组织。日本武道中的空手道和剑道的社会组织数量均多于中国武术，反映了中国武术在开展群众体育方面的能力较弱。第二，关于国内练习人数指标的分析。日本武道做到了统计及时、数据公开，日本空手道和剑道国内练习人数达到或超过 200 万人，相较之下，日本国内练习剑道的人数较多，中国武术无法找到确切的、具有统计学意义的数据，这在一定程度上反映了中国武术在科研、数据公开方面存在一定问题。

第二节　中国武术与日本武道竞技指标分析

竞技指标下设 1 个二级指标和 4 个三级指标。第一，关于国内具有段位的人数指标的分析。从收集到的数据来看，中国武术协会在总结大会上通报国内具有武术段位的人数为 149 531 人，从全日本剑道联盟内

第四章　中国武术与日本武道现代化转型指标分析

网管理系统检索得到日本国内具有剑道段位（包括荣誉段位和段前级）的人数为 1 889 261 人、具有空手道段位的人数为 41 484 人。如图 4-1 和图 4-2 所示，日本国内具有剑道段位的人数比空手道多，两者具有明显的统计学差异，说明剑道在日本国内发展更加繁荣，竞技水平高，在世界范围内占主要地位，呈现出"一家独大"的状况，然而这在一定程度上限制了其国际化发展。空手道是奥运项目，调查发现全日本空手道联盟官网上竞技项目的登录会员人数为 53 万人，而日本国内具有空手道段位的人数却不足 5 万人，这从侧面说明了日本空手道竞技水平在国际上并不一定处于领先地位，没有出现"一家独大"的状况，这在一定程度上推动了国际赛事的开展。中国武术占居中位置，武术段位制开展最晚，发展却很迅速，但受国情影响，段位制最先在群众体育中开展，随后逐渐延伸至专业武术运动员群体，因此国内具有武术段位的人数不能作为评价武术竞技水平的权威数据。相较于日本武道，中国具有武术段位的人数不能完全代表中国武术竞技水平，武术段位制还需要进一步完善。

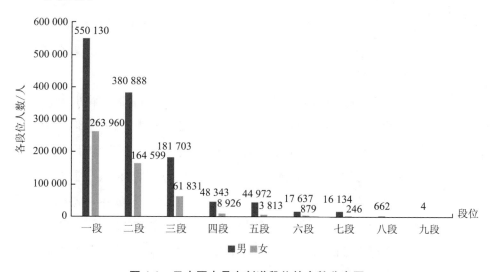

图 4-1　日本国内具有剑道段位的人数分布图

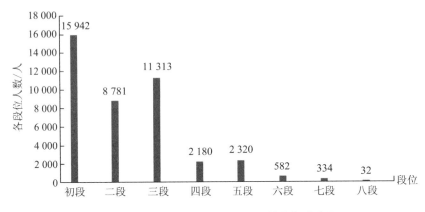

图 4-2　日本国内具有空手道段位的人数分布图

第二，关于举办国内权威赛事场次指标的分析。从国内赛事数量来看，通过对大石纯子老师的访谈得知，以 2019 年为例，日本剑道居首位，共 41 场；其次是空手道，共 26 场；最后是武术，共 14 场。从参赛组织构成来看，日本剑道参赛组织来自各个领域，如警察、财团、学校、教练员等，同时兼顾不同年龄层次，如青少年、壮年、高龄人群等，并且每项赛事举办延续性长、计划性强，如"全日本剑道演武大会"举办了 115 届。中国武术赛事发展相对较晚，2019 年包括散打在内共举办武术赛事 14 场，每项赛事受众人群广泛，参赛人数较多，这在一定程度上促进了群众武术的发展。

第三，关于举办国际赛事场次指标的分析。从国际赛事举办数量中可以看出运动项目是否具有国际基础。通过调查发现，2019 年，中国举办国际武术赛事 5 场，日本举办国际剑道赛事 2 场、国际空手道赛事 16 场（表 4-3），其中包括欧洲、亚洲、世界杯等等级赛事。通过对佐藤成明老师的访谈得知，空手道是亚洲运动会、泛美运动会、欧洲运动会、非洲运动会的比赛项目，是 2015 年欧洲运动会中唯一一个非奥运项目。武术经过多年的努力，成为世界大学生运动会项目、非洲青年运动会项目，但是始终没能进入欧洲运动会，在整个欧洲地区，只有 4 个

第四章 中国武术与日本武道现代化转型指标分析

国家习武人数在 5 000—10 000 人，72.7% 的国家和地区习武人数在 5 000 人以下，习武人数少于 500 人的国家有 8 个。由此可见，中国武术国际化发展良好，但相对于空手道而言仍显逊色，国际化发展是武术现代化转型的重要因素之一。

表 4-3 中国武术与日本武道竞技指标量表

一级指标	二级指标	三级指标	中国武术	日本剑道	日本空手道
竞技	竞赛	国内具有段位的人数	149 531 人	1 889 261 人	41 484 人
		进入奥运会	否	否	是
		举办国内权威赛事场次（以 2019 年为例）	14 场	41 场	26 场
		举办国际赛事场次（包含最权威赛事的当年）	5 场	2 场	16 场

第三节　中国武术与日本武道信息指标分析

信息指标下设 2 个二级指标和 8 个三级指标。在传播资源方面，通过对日本武道联盟官网和中国武术网址管理系统的搜索得知，各类武术网站数量为 172 个，各类剑道网站数量为 210 个，各类空手道网站数量为 196 个；对于报刊种类数量的统计，选取中日两国国内权威性、研究性的杂志，中国武术为 5 种，日本剑道为 5 种，日本空手道为 6 种（表 4-4）。在传播效果方面，首先通过对国际性竞赛国数量占会员国数量的比例指标的分析来反映中国武术与日本武道的国际化程度。例如，2019 年第十五届世界武术锦标赛，共有 102 个国家和地区参加，其中国际武术联合会的会员国（地区）约占 67%；2018 年第十七届世界剑道锦标赛，共有 56 个国家和地区参加，其中国际剑道联盟的会员国（地区）约占 95%；2018 年世界空手道锦标赛，世界空手道联盟的会员国（地区）全部参加，占比为 100%。会员国（地区）的参赛情况会影响赛事的上座率，通过调研发现，在上述赛事中，除去观众席上的参赛人员，中国武术的上座率为 30%，日本剑道的上座率达到 90%，日本空手道的上座率在 90% 以上。值得一提的是，笔者在 2018 年 8 月想通过国际剑道联盟官网购买 2018 年第十七届世界剑道锦标赛 C 区赛事门票，结果门票已售完，出现一票难求的情况，因此日本剑道的赛事宣传手段值得中国武术借鉴。

国际会员组织数量是衡量中国武术与日本武道国际传播效果的重要指标，通过调研发现，2018 年中国武术的国际会员组织数量为 149 个、日本空手道为 236 个、日本剑道为 59 个，中国武术位居第二，如图 4-3 所示，中国武术与日本空手道在国际会员组织增长率上存在统计学上的差异。存在这种差异的主要原因是空手道成为 2020 年的奥运会比赛项目，其国际化发展形势良好。其实，早在 1970 年世界空手道联盟就成立了，并于同年举办了第一届世界空手道锦标赛，随后每两年举办一次，最早发起成立世界空手道联盟的并不是日本人，而是法国人，世界空手道联盟是在全日本空手道联盟和欧洲空手道联盟的基础上成立的，总部设在西班牙，法语和英语为其官方语言，这代表着世界空手道联盟并不是以日本一国独大，而是一个现代化的国际组织。日本剑道在国内发展虽好，但国际化发展滞后。中国武术经过不断努力，在国际化传播方面硕果累累，但要进入奥运会还需建立现代化、国际化的组织机构。从以上数据可以看出，传播资源对传播效果具有重要的影响，相较于日本空手道，中国武术在国际化传播和现代化转型上还需要进一步努力。

第四章　中国武术与日本武道现代化转型指标分析

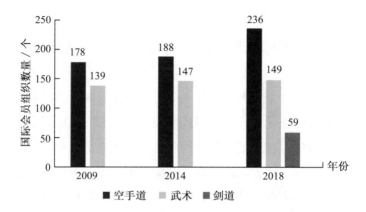

图 4-3　中国武术与日本武道国际会员组织数量对比图

表 4-4　中国武术与日本武道信息指标量表

一级指标	二级指标	三级指标	中国武术	日本剑道	日本空手道
信息	传播资源	各类网站数量	172 个	210 个	196 个
		报刊种类数量	5 种	5 种	6 种
	传播效果	国际性竞赛国数量占会员国数量的比例（以最近具有国际权威的赛事为例）	67%	95%	100%
		国际化程度	一般	一般	很好
		全球习练人数	1 亿人以上	2 577 000 人左右	1.3 亿人以上
		国际会员组织数量	149 个	59 个	236 个
		赛事的上座率	30%	90%	90% 以上
		分布于各大洲的情况	5 个	5 个	5 个

第四节　中国武术与日本武道管理指标分析

管理指标下设2个二级指标和4个三级指标。在管理体制方面，通过对钱源泽老师的访谈得知，中国武术在管理体制方面已经取得巨大进步，但某些方面仍存在不足，包括行政管理体系人员分配不合理、段位制改革艰难等问题，如国际武术联合会的高层大多为中国人，反观日本武道国际联盟高层大多为外国人，这在一定程度上降低了武术的国际化程度。此外，武术信息的不透明也影响到了武术现代化转型的进程。中国武术协会官方网站和国际武术联合会官方网站是武术发展之窗，也是世人了解武术的重要渠道。通过研究发现，中国武术协会官方网页资讯少、公开信息少，缺少武术发展现状通报，关于武术组织的评估更是寥寥无几，缺少对武术活动、赛事情况、收支情况等的记录，不符合中国体育大国、体育强国形象。中国武术与日本武道管理指标测评结果如表4-5所示。

表4-5　中国武术与日本武道管理指标量表

一级指标	二级指标	三级指标	中国武术	日本剑道	日本空手道
管理	管理体制	行政与社会管理体系的完善程度	一般	很好	很好
		管理制度的完善程度	一般	很好	很好
	管理手段	管理手段的网络化程度	较差	很好	很好
		管理机构与组织拥有专门网站的数量	2个	3个	3个

第四章　中国武术与日本武道现代化转型指标分析

第五节　中国武术与日本武道文化指标分析

2020年，中国武术成功进入2022年达喀尔青年奥林匹克运动会，国际武术联合会秘书长、中国武术协会主席张秋平在接受记者专访时表示，除了《奥林匹克宪章》规定的因素外，还有一个非常重要的原因是文化。武术是中华文化和传统体育的一个代表，也是中华优秀传统文化的瑰宝，是中国数千年文明的精髓。武术能够进入青奥会，有利于不同国家、不同民族、不同信仰的青少年相互交流，这是一个民心相通的活动，可以增强东西方文化交流，也可以拓展中华传统文化走出去的渠道。由此可见，武术文化在中国武术现代化转型中具有重要意义。通过武术进校园、弘扬民族传统文化等政策的实施，中国武术文化意识有了大幅度的提升。相较于日本武道，中国武术文化行为较为欠缺。日本武道以"和魂洋才"为核心思想的现代化转型，加之武士阶级在日本地位崇高，所以武道文化广受欢迎，如日本普遍使用的跪坐礼、拜谢礼等均由武士礼仪转化而来。因此，日本在推广武道文化方面具有得天独厚的条件。中国武术与日本武道文化指标测评结果如表4-6所示。

表4-6　中国武术与日本武道文化指标量表

一级指标	二级指标	三级指标	中国武术	日本剑道	日本空手道
文化	文化意识	民族的传统武德意识	很好	很好	很好
		国民的文化意识	较好	很好	很好
	文化行为	武礼的推广和采用	较好	很好	很好
		赛场的文明程度	一般	很好	很好

第六节　日本武道现代化转型对中国武术的启示

中国武术与日本武道现代化转型的比较研究主要从横向泛度与纵向深度进行分析。日本武道现代化更新方式在文化、制度、器物三个层面有着显著的特征，"和魂洋才"的价值取向、对待外来文化采取从思想到制度再到技术的学习策略是日本武道现代化转型的内核因素；在实践路径上，国策层面的学校武道教育实施和民间层面的由"术"至"道"的现代化整合是日本武道现代化转型成功的关键。反观，中国武术现代化转型存在多方面问题，主要体现在国际化传播能力较弱、组织机构散乱、管理体系单一等，基于此，日本武道现代化转型对中国武术具有一定的启示作用。

第一，日本武道"和魂洋才"思想对中国武术提供借鉴，武术应立足传统文化，融合创新发展。

第二，借鉴日本武道必修化对增强国民体质的促进作用，加大"武术进校园"力度，深入挖掘武术教育价值、文化价值和社会价值，积极推动学校武术教育发展，不断增强国民体质和提高国民健康水平。

第三，武术现代化转型有利于构建与展现国家形象，日本武道"以武入道"精神与中国武术"和谐发展"主题异曲同工，中国武术应当树立核心意识，以"和谐"为主题，展现"文化强国""体育强国"的国家形象。

第四，日本空手道成功跻身奥运会比赛项目行列对中国武术具有一定启示意义，武术应简化技术体系、逐步增加国际练习人数、开展国际赛事、提高国际会员组织的增长率，加速国际化、现代化发展，武术现代化转型为"入奥"奠定基础。

第五，"入奥"目标是日本武道与中国武术现代化转型的不竭动力，有利于促进武术文化、制度、器物层面的现代化转型。

第五章　对中国武术现代化的再审视与再反思

第五章　对中国武术现代化的再审视与再反思

中国武术经历时代的洗礼，现代化转型是大势所趋，在新时代背景下，对中国武术现代化进行再度审视与反思能够进一步促进中国武术现代化发展。

第一节　中国武术现代化转型的"变"与"不变"

进入新时代，中国特色社会主义的新目标、新使命、新理论为中国武术现代化转型提供了新思想，提出了新要求。面对发展环境、内容、途径等方面出现的新变化，中国武术现代化转型应顺应时代潮流，必须深刻认识武术现代化转型中"变"与"不变"的辩证统一关系。在现代化过程中，中国武术要不断适应新环境、运用新途径、融入新内容，把握武术现代化发展脉搏，提升武术发展的亲和力、时效性和针对性，守正笃行，坚持武术现代化转型的任务不变、准则不变、本质不变。只有正确把握武术现代化转型"变"与"不变"的辩证关系，才能更好地聚焦武术现代化转型的根本任务，培养自由全面发展的时代新人，推进体育强国与文化强国建设，实现中华民族伟大复兴。

一、问题的提出

党的十九届五中全会提出，繁荣发展文化事业和文化产业，提高国家文化软实力。加强社会主义精神文明建设,围绕举旗帜、聚民心、育新人、兴文化、展形象的使命任务,促进满足人民文化需求和增强人民精神力量相统一,推进社会主义文化强国建设。要提高社会文明程度,提升公共文化服务水平,健全现代文化产业体系。中国武术作为中国文化的代表,健全现代武术文化体系对"体育强国""文化强国"建设具有推动作用。

随着交叉学科的不断发展,武术"标准化""国际化"等交叉课题成为当下的研究热点,武术"现代化"也逐渐受到学者的重视,如戴国斌的《武术现代化的异化研究》、郭玉成的《传统武术的现代化问题》等。这一方面体现了武术现代化主题成为学术研究热点;另一方面说明了武术研究者开始对武术当代发展问题进行审视与反思,或者说按照西方意识形态标准和理念进行武术现代化转型并非大道。本章通过对中国武术现代化转型中"变"与"不变"的内容进行剖析,探索中国武术现代化转型的新方式,保持与时俱进的思想,以期为中国武术在当代的发展提供新思路。

二、守正笃行、行稳致远:中国武术现代化转型的三个"不变"

中国武术作为中华传统文化的有机组成部分,其发展并不是简单地提升武术的"现代化"或"标准化"水平,而是一个严谨的文化命题,原因在于自成一体的武术全面贯彻并反映了中国文化的基本精神。中国文化的精髓在于"中和",也就是对人间之爱和天人合一的追求,武术更是追求天人伦理的典型代表,包含天人合德、天人交相胜、天人相类、天人互融、天人一体等内容。中华传统文化追求"不隔",奠定了中国武术之"不变"的基本格调,也主导了中国武术之"变"的发展方向。基于此,武术现代化转型"变"的是环境、内容和途径,而"不变"的是准则、本质和任务,无论时代如何变迁、科学如何进步,

第五章　对中国武术现代化的再审视与再反思

武术现代化转型只有以"不变"应"万变",才能在世界多极化、经济全球化、文化多样化的新环境中立足。

1. 固本铸魂、以德树人:中国武术现代化转型的准则"不变"

随着时代的变迁,中国武术现代化转型经历了奠基、发展、完善时期,各个时期的内容、方法、载体等不是一成不变的,它们需要紧扣时代主题、顺应时代需求、反映时代精神,根据社会需求、社会条件的变化而变化。然而,无论时代及社会条件如何变化,中国武术现代化转型的准则——"武德"始终不变。无论武术传统如何拓展、时代环境如何变化,固本铸魂、以德树人的传统美德始终不会动摇。

固"德"之本,铸"和"之魂,武德是武术现代化转型的保障。中国武术创造性地吸收了中华传统文化中天人合德的思想精髓,《周易·系辞下》谓:"天地之大德曰生。"但生生大德、生生精神实为"仁之源"。武术传承中更加强调"仁"的精神,注重"德"的弘扬。武德是很宽泛的概念,大到教育层面的尊师重道、孝悌正义,社会层面的严于律己、助人为乐;小到武术门户的武德约束,如"未曾习艺先习礼,未曾习武先习德"的准则,戳脚翻子门的《五不传诫言》中"不忠不孝者不传、不仁不义者不传"[①]的规定,体现了习艺的基准是武德为先。虽然不同历史时期武德表现出不同的侧重点,但核心始终是习武之人所具备的操守和品德,如封建社会,"有武德以羞为正卿"体现了这个历史阶段武德的核心是忠君;近代,武德以爱国主义精神为核心;现代,武德更多体现在进取、担当方面。武德保障武术现代化转型不失传统,使武术现代化转型始终朝着促进社会和谐和国家长治久安的愿景发展。总之,正所谓"夫大人者,与天地合其德",以传统文化为器,承载求"德"的仁爱之心,铸造以"和"为愿景的发展之魂,是武术在现代转型中"不变"的论调。

---

① 张大为. 武林丛谈[M]. 北京:当代中国出版社,2013:68.

2. 旗帜鲜明、立场坚定：中国武术现代化转型的本质"不变"

高举"技击"为本的旗帜，坚定"武术体育化并非武术现代化"的立场。技击是武术现代化转型之"根"，也是武术现代化转型之"轨"。

本质是事物本来的性质，是事物的根本属性，是比较深刻的、一贯的和稳定的内在矛盾。① 从古至今，在武术现代化转型过程中，其技术和文化由单薄变得深厚，社会功能趋于丰富，"现代化"成果显而易见。但万变不离其宗，武术发展无论在哪个时期，其价值取向如何变化，始终离不开技击，技击是武术固有的根本性质，具有深刻性、一贯性和稳定性，归根结底武术是一种用于保护生命的技能。《夜行宗谱》载述："所谓技击，乃以武艺行实战搏杀之能。所谓技击术，系专事修炼实战搏杀之手法、腿法、步法、身法、功法、心法等技艺及其综合运用之法术。"由此可见，技击是以兵法为指导的兵技之一，具有实用价值，这样就要求人们最大限度地发挥思维能力和潜力，从而征服敌手，战而胜之。

技击实战始终是各类武技现代化转型之"轨"。武术现代化转型要围绕实战结构，发挥实战功能，不能只注重体育化发展，单纯的武术体育化是武术现代化异化的结果。日本武道现代化转型也坚持"以实战为第一要义"，日本武道现代化转型始终立足于"打"的准则。受历史因素的影响，日本剑术发展日渐衰落，剑术界人士开始摸索以体育形式复兴剑术的道路，1949年，《武道鉴定中的剑道鉴定种目》正式实施，"斩刺"等危险性动作被剔除，剑道更加重视"击打""挥击""躲闪"等动作，在技术上完成了由"术"至"道"的现代化转型。剑道在由"术"至"道"的现代化转型中，技术逐渐简单化，技术动作类型由17种简化为7种，但保持了剑术基本实战技法，展现了剑道实战功能。由

---

① 杨建营. 对"技击是武术本质"的深化研究［J］. 武汉体育学院学报，2010，44（11）：66-69.

第五章 对中国武术现代化的再审视与再反思

此可见,技击贯穿武技现代化转型全过程,始终为发展现代体育武技、践行对抗性体育运动思想提供方法和载体保障。技击是武术现代化转型之"根",是武术产生的前提和现代化转型的重要保证。

综上所述,随着社会的变迁和时代的发展,武术内容不断丰富,新的拳种与门户相继而生,这中间尽管有着创拳开派的各种现实考虑,如注重审美等,但究其根本在于"技击保命",彰显出对生命的重视和保护。基于此,以文化为核心,立足武德之根本,抓住技击这一本质是中国武术现代化转型的"不变"真理。

3. 不忘初心、牢记使命:中国武术现代化转型的任务"不变"

"这是一个最好的时代,这是一个最坏的时代。"对于武术现代化转型而言,信息全球化、文化多元化发展的时代机遇与现代化转型异化的挑战并存。因此,武术现代化转型走正确的道路,要不忘"自强不息"的初心,牢记"实现中华民族伟大复兴"的使命和任务。"自强不息"不仅是中华传统文化的基本精神之一,更是中国武术在道德品格方面的精神追求。武术现代化转型始终遵循事物发展规律,不断探索创新,并在文化伦理的指引下不断取得进步,正是这种追求"人间正道"的精神激发习武者的侠义情怀和爱国情操。

武术追求天人关系、身心关系、人际关系之间的和谐,包含"自强不息,厚德载物"的民族进取精神。现代化转型是实现中华民族伟大复兴过程中武术应当承担的责任。习近平总书记强调,要牢固树立中国特色社会主义道路自信、理论自信、制度自信、文化自信,确保党和国家事业始终沿着正确方向胜利前进。武术是中华传统文化的代表,贯彻"文化自信"思想,使武术文化"走出去",要坚定不移地走现代化转型之路,"自强不息"谋发展。

三、开拓创新、与时俱进:中国武术现代化转型的三个"变"

《周易·系辞下》言:"穷则变,变则通,通则久。"宇宙万物在持续的变通中生生不息,传统武术的技法构成也在五行生克、阴阳消长的不变而变、变而不变的"通变思维"中彰显着"生"的精神。①"生"的精神是武术发展之基,是武术现代化转型的根本,立足传统、与时俱进是武术现代化转型的两面——守正与创新。中国武术现代化转型之"变"是一个严谨的文化命题,谨防闭门造车,需要一定的经验参考。日本与中国地缘相近,日本武道与中国武术文化同源,基于此,以现代化发展理论为支撑,运用文献资料法、数理统计法、实地访谈法等研究方法,通过中国武术与日本武道现代化发展评价指标体系对日本武道现代化转型进行分析,对中国武术现代化转型之"变"具有一定的借鉴意义。

1. 因时而进、因势而新:中国武术现代化转型的环境之"变"

环境是指周围所存在的条件,一般分为自然环境与人文环境,对于不同的对象和学科而言,环境的内容也有所不同。对于武术现代化转型而言,社会环境随着历史变迁不断发生变化,可称其为自变量,武术现代化转型作为因变量,随着社会环境的变化而改变。

物质环境的变化决定着武术现代化转型的趋势。在冷兵器时代,武术展现出较高的实战价值,随着火器的发明与创造,武术的体育性与艺术性逐渐被世人关注,如演武、养身等。随着经济条件的改善和生活水平的提高,人们更加注重精神世界的充实和情操的培养,武术蕴含着中华传统文化因子,学习武术有利于提升人的文明素养和精神境界,武术现代化转型倾向于健身性、文化性、社会性方面的发展,更加注重武术的推广与传播。在全球化的时代背景下,各项体育运动均谋求国际化发展,日本武道也深谙其道,加快了自身现代化转型的步伐,促进自身的国际化传播。从前文对日本武道传播效果的分析可以看出日本政府发展

---

① 李守培,郭玉成. 中国传统武术天人伦理的历史形成研究[J]. 体育科学,2016,36(12):77-84.

第五章 对中国武术现代化的再审视与再反思

武道的决心和意志。2018年第十七届世界剑道锦标赛共有56个国家和地区参加，其中国际剑道联盟的会员国（地区）约占95%；2018年世界空手道锦标赛，世界空手道联盟的会员国（地区）全部参加，占比为100%，并且日本剑道赛事的上座率达到90%，日本空手道赛事的上座率在90%以上。日本武道"入奥"与"非奥"项目在国际化、现代化方面取得了一定成果，这取决于日本武道现代化转型具有良好的物质环境条件——资源来源多样化。官方支持、群众推崇、社会扶持是日本武道现代化转型的支柱。日本民间对武道的认同感与支持度较高，民间财团组织资助空手道、剑道等武道项目的资金占比较大。例如，空手道与剑道的活动经费来源渠道多元，包含日本事业团体、财团组织、政府部门、活动收入等渠道，社会方面对空手道与剑道的资助占其活动经费的50%以上，活动收入占40%左右。通过访谈佐藤成明老师得知，仅2019年度全日本剑道联盟事业活动收入（主要包括赛事、段位审查、讲习会等活动收入）就达到699 143 000日元，同年的事业活动支出为691 624 000日元。由此可见，日本剑道赛事的筹划与开展可以做到自给自足、持续发展，日本武道（剑道、空手道）活动经费来源渠道多元。中国武术始终是政府扶持项目，相较于日本而言，中国政府对武术的扶持力度更大、资助力度更强、扶助范围更广，但在社会扶持方面不尽如人意，致使中国武术现代化转型具有明显的"中央"意识，间接导致了武术现代化转型向"高、难、美、新"的竞技武术发展。

教学环境的变化加快了武术现代化转型。武术教学环境从师徒传承这种单一、专制状态转向开放、民主、互动状态，武术教育途径和方式呈现出多样化的态势，可以运用新媒体等现代科技工具。另外，"武术进校园"政策的实施提升了武术的竞争力，增加了武术现代化转型的路径，提升了武术现代化转型的时效性和针对性。

精神环境的变化使武术现代化转型更加自信。进入新时代，我国环境出现了新变化,包括新的指导思想、新的目标任务、新的社会矛盾、新的战略路径,特别是新的文化观念,但我们要对中华传统文化有"自信",武术现代化转型也要立足中华传统文化。弘扬中华传统文化是武术现代化转型的正确方向,对待外来体育文化,应取其精华、去其糟粕,中国武术要探索适应自身发展的现代化转型之路。

2. 守正创新、砥砺前行:中国武术现代化转型的内容之"变"

树人之道,内容为王。中国武术现代化转型的内容主要包括传统武术和竞技武术,要达到中国武术"面向世界、面向现代化、面向未来"的要求,中国武术现代化转型必须坚持两条腿走路,即守传统之正,创竞技之新。

中国武术现代化转型的内容具体分为以下两个方面:一是以奥运会为目标所推广的竞技武术内容;二是以大众为目标所推广的传统武术内容。以奥运会为目标的竞技武术在现代化转型中以竞赛标准为中心,以大众为目标的传统武术在现代化转型中则主要是实现管理标准化。在竞技武术方面,以"入奥"为目标,可以借鉴奥运会各类项目现代化转型的成功经验,既突出竞技性、观赏性、公平性,又突出武术项目特色。在以传统武术为内容的现代化转型方面,以日本剑道为例,2019年共举办国内权威赛事41场,参赛组织来自各个领域,如警察、财团、学校、教练员等,同时兼顾不同年龄层次,如青少年、壮年、高龄人群等,并且每项赛事举办延续性长、计划性强,如"全日本剑道演武大会"举办了115届。剑道世界杯参赛会员国(地区)覆盖欧洲、亚洲、美洲、非洲等地,剑道的国际化传播与全日本剑道联盟管理机构的管理标准化、传播标准化密不可分,有效管理的实施推动了剑道的全球化传播。因此,武术现代化转型必须坚持两条腿走路,采用系列的武术形态"面向世界、面向现代化、面向未来",在竞技武术、健身武术、武术产业等方面大力推广,竞技与传统的形式并存,适应不同受众,守正创

第五章 对中国武术现代化的再审视与再反思

新,砥砺前行。

3. 因时制宜、顺势而为:中国武术现代化转型的途径之"变"

途径是武术为了实现现代化转型目标所采用的载体和方法,既包括传统的师承方式、门户方式等,也包括现代媒体、互联网等传播途径。随着社会的发展和互联网的普及,"慕课"等新型在线开放课程和学习平台快速兴起,开辟了武术传播的新途径,在传统传播方式上增添了武术现代化转型载体的新元素。第一,武术类型、形态多样化展现。在信息时代,武术现代化转型的载体呈现出多样化的特点,从最初的师徒传承、语言文字载体转变为如今的抖音、微博、微信公众号,甚至是综艺节目等网络载体,不仅载体类型丰富,而且载体的表现形式也日趋多样化。例如,过去的电视、广播等大众媒体带来的更多是影视资源,如今微博、微信等新兴媒体的出现,为武术现代化转型带来了新资源。第二,不同对象分众化应对。分众化理论指出,不同的传播主体对不同的对象用不同的方法传播不同的信息。随着社会的发展,社会群体逐渐分化和重组,如学生群体更注重武术的强身健体价值、警察公安群体更注重武术的实战价值,因此应因人而异、因地制宜,选取适当的载体和方法来推进武术现代化转型。

时代的进步与发展促使人们的思想观念不断变化,为了适应人们思想观念的转变,武术现代化转型也需要不断发展与变化。第一,创新利用网络推广平台。在"互联网+"快速发展的时代背景下,传统的师承方式、门户方式等已不能满足大众特别是年轻群体的信息需求,网络成为大众获取信息的主要途径。建设武术网络推广平台,使大众既能在网络平台上学习,也能在网络平台上提问、发表意见、留言等,促进武术群体之间的交流。与此同时,武术主管部门也可以及时了解习练者的真实想法、意见和建议等,以制订合适的武术现代化发展方案。第二,健全和完善互联网监管机制。过去,武术推广主要采用"枪弹论"式的传统传播方式。如今，在网络信息时代，互联网的发展促进了武术国际化传播和现代化转型，但也使受众更加容易受到虚假信息的干扰。因此，必须健全互联网监管机制，提高武术现代化转型中网络监管的时效性和针对性。第三，提升武术工作者的素养。2020年7月，中国武术协会发布《关于加强行业自律弘扬武术文化的倡议书》，号召全体武术人团结起来，恪守武德，遵守规矩，担当起立德树人的伟大使命。

四、正确认识武术现代化转型"变"与"不变"的辩证关系

唯物辩证主义告诉我们，世界万物是不断变化和发展的。新旧矛盾的不断更替和解决是事物发展的普遍规律。进入新时代，中国武术现代化转型中出现了一些新变化，但在根本上仍有较多不变之处。正确处理"变"与"不变"的辩证关系，应该把握以下内容。

"不变"是"变"的守正依据。中国武术现代化转型中"不变"的是准则、本质和任务，"变"的是环境、内容和途径。中国武术现代化转型之"变"是在"不变"的基础上展开的，随着时代的发展，大众的思想观念、行为习惯等都在不断发生变化，武术现代化转型的环境、内容和途径也相继发生改变。但是，无论时代怎样变化、社会如何发展，中国武术现代化转型的根本任务、重要地位、特色本质及基本准则不能变，它们是中国武术现代化转型之"根"，"不变"是一切"变"的前提。

"变"是"不变"的创新发展。在信息全球化时代，"求新""求变""求进"是必然趋势，中国武术现代化发展更要紧跟时代步伐，把握时代功能，丰富时代内容，激发时代使命。在坚守武术现代化转型的根本任务、历史使命、基本准则等不变的前提下，不断开拓创新，将新时代赋予的使命任务与武术现代化转型的实际工作紧密结合，不断推动武术现代化转型新发展。

第五章 对中国武术现代化的再审视与再反思

把握好武术现代化转型"变"与"不变"的辩证统一关系,要守"文化传统"之正,创"面向世界、面向现代化、面向未来的发展"之新,坚持"取其精华,去其糟粕""推陈出新,革故鼎新"的原则。一是继承和弘扬中国武术优秀传统文化成果,"扬弃"过时的、不好的东西;二是不断探索、思考及整理新理论、新思想和新成果;三是吸收和借鉴其他国家体育现代化转型经验,使中国武术现代化转型在"变"与"不变"的辩证统一中实现新发展。

第二节 中国武术现代化的"异化"

随着习近平新时代中国特色社会主义思想的提出,中国武术现代化发展迎来了前所未有的历史机遇。历经几千年的发展与演变,中国武术走进了一个崭新的时代。新时代的到来,为中国武术继续走向现代化提供了一个具有生命力、多样化的价值平台。中国武术作为弘扬中华民族优秀传统文化的瑰宝,被寄予厚望。然而,东西方体育文化的碰撞,给中国武术的现代化带来新挑战,使中国武术在现代化进程中产生了"异化"。但笔者认为,武术异化是武术科学发展的必然产物,如何使武术现代化的异化现象符合当今社会的需求,是武术在现代化转型中面临的一道难题。

一、异化理论概述及中国武术现代化的异化

(一)异化理论概述

异化从本质上讲是自我异化的一种具体表现,但自我异化并不是泛指主体直接转化为主体的异己力量,而是在不同的情况下,主体通过自身的活动或活动产生的产物与自身相互对立、相互敌视而产生异化。马克思认为,主体实际上就是有着自我意识的人,主体的异化即为人的异

化。在社会生活中，人总是通过其活动创造出生存所需的一切，而人在进行活动及创造产物的过程中总是带着自身的需求与目的，人对其活动及其创造的产物是有所期待的。这一状态是区别人与动物的重要特征。

德国著名哲学家费尔巴哈则对"异化"有另外的见解，他认为的异化属于宗教的异化，但究其实质也是人的异化，不同于黑格尔的异化观，费尔巴哈把人当作异化的主体，其根本观点是"神是人的本质的异化"。

综上所述，异化的思想内涵并不是一成不变的，随着时代的变迁与社会的发展，对"异化"的理论阐述和实践运用被赋予了越来越深刻的内涵。马克思的早期异化思想是在前人的基础上进行批判并继承而产生的，随着思想的发展、转变，马克思逐渐从抽象的自由意识转向现实的人类劳动，并赋予其全新的思想内涵。

(二) 中国武术现代化的异化研究综述

1. 国内现代体育的异化研究综述

近年来，体育异化现象已成为我国体育界关注的一个热点问题，不同学者从不同的角度对我国现代体育的异化现象进行了剖析。

我国诸多学者对异化现象进行了深入研究，部分学者对异化现象提出了自己独特的见解，如周爱光认为："异化是指由主体产生的客体脱离开主体成为与主体相对立的独立存在，并在保持其独立性的同时反过来支配其主体的结构。"① 卢元镇提出："所谓异化，是指从主体中分裂出来或丧失掉的东西在摆脱主体的控制并获得独立性后逐渐壮大，反过来控制、支配、压迫或扭曲主体。"② 张宏宇在运用弗洛姆的"自由异化理论"对我国现代体育的异化现象进行论述时就表示：体育异化的根源在于人的异化，伴随着"金牌至上""过度商业化""种族主义""赛场暴力""兴奋剂"等一系列体育异化现象的愈演愈烈，部分学者

---

① 周爱光. 竞技运动异化论 [M]. 广州：广东高等教育出版社，1999：78.
② 卢元镇. 竞技体育的强化、异化与软化 [J]. 体育文史，2001 (4)：20.

第五章　对中国武术现代化的再审视与再反思

开始从哲学的角度对体育的异化现象进行反思，研究的视角多以"资本"和"技术"为主线对体育的异化加以批判，但忽略了对体育行为的主体——人的异化研究。① 庞建民等认为，竞技体育的异化是竞技体育的本质、过程及其结果的异化，而竞技体育本质的异化是指参与竞技体育的人与竞技体育之间关系的不协调。竞技体育过程的异化主要指组织、训练、体育竞赛的过程中一些非理性、非科学、非人性甚至非法手段的采用，政治干预、不公平竞争和暴力事件是导致竞技体育过程变质的主要因素。竞技体育异化的结果是由于人们受到狭隘的民族主义和商业主义的左右，竞技体育已经基本丧失其原本的文化教育本质，沦为政治的工具和商业的手段。②

邵桂华等认为，举国体制下的竞技体育表现出主客体颠倒的特色，竞技体育胁迫政府不断加大体育投资，导致了体育投资分配的不合理和竞技体育项目布局的不科学，出现了不得不牺牲其他系统的利益保证竞技体育"争金夺银"目标的实现的异化现象。③

曹卫从儒家文化的视域对竞技体育异化的消解提供了具有一定意义的体育道德建设的参考。他认为，运用儒家伦理思想能有效遏制竞技体育的异化，并引领竞技体育未来的发展方向，促进良性、健康的竞技体育发展。④

黄平波等将学校体育异化定义为：在学校体育环境下，原本是属于人的东西或人活动的结果，现在取得了独立性，并反过来成为制约人、统一人的力量。他们将当今学校体育异化现象产生的原因总结为：

---

① 张宏宇. 现代体育异化的根源及其超越：基于弗洛姆自由异化理论的探析 [J]. 南京体育学院学报（社会科学版），2014，28（1）：45-46.

② 庞建民，林德平，吴澄清. 对竞技体育中异化现象的分析与研究 [J]. 体育文化导刊，2007（1）：47-49.

③ 邵桂华，满江虹. "举国体制"下的竞技体育异化现象分析 [J]. 体育学刊，2015，22（4）：17-21.

④ 曹卫. 人文体育观渐入：现代体育"异化"的反思 [J]. 体育学刊，2003（4）：1-3.

①"唯体育健康论"在学校体育认识上的异化;② 弱化运动技术学习所引发的学校体育异化;③ 误读"学生中心"所带来的学生主体绝对化的异化;④ 对"安全第一"过度考虑所带来的异化。①

马卫平在论述体育与人的哲学关系时指出,在学校,文化被狭义地理解为科学文化,从而忽视了体育的文化本质是形成健全的人格,促进肉体和心灵的双重发展,是人在不同内在规定中的表现。他把这种"学科化"体育归纳为:体育课程化、知识化、专门化;体育文化知识的传承被机械地复制,过于强调对社会的"有用性"。② 然而,马卫平所说的"学科化"却是学校体育的一种异化现象,学校体育开展的目的是更好地促使学生快乐地学习体育技能,从而达到强身健体的作用。在体育教学过程中,要做到充分调动学生的积极性与主动性,而不是为了学而学,带领学生体会运动所带来的"酸甜苦辣",做到知识、情感、态度、行为的和谐统一。

综上所述,以上学者从不同视角对我国现代体育的异化现象进行了客观评价,这对我们认识和理解"现代体育的异化现象"有一定的参考意义。异化是科学现代化的必然产物,在面对体育异化现象时,我们要以冷静客观的态度对其进行分析,并采取相应的措施。

2. 中国武术现代化的异化研究综述

国内学者通过对现代体育异化现象的研究,将"异化"概念引入武术科研领域。国内学者对传统武术的演变及现代武术的发展进行了激烈的讨论,但对于武术现代化的异化问题,国内仍处于初级探索阶段,不同的学者有各自的看法。

王岗等在论证现代竞技武术是一种强化的过程时,认为竞技武术的

---

① 黄平波,安国彦,刘龙. 学校体育异化现象审视 [J]. 体育文化导刊,2008 (2):89-92,94.

② 马卫平. 体育与人:一种体育哲学 [M]. 长沙:湖南师范大学出版社,2009:68-71.

第五章 对中国武术现代化的再审视与再反思

"异化"是"强化"的一种衍生物,过分的文化模仿和对进入奥运会的过分追求是使竞技武术发生异化的主要原因。①

戴国斌对武术现代化进行了深度分析,运用马克思异化理论的四个维度对武术现代化进行了一次理论性探索:本质的异化——武术套路异化为体操、舞蹈、戏剧的"奴婢",武术散打异化为拳击和摔跤的"竞技场",竞技武术异化为金牌的"牺牲";对象的异化——"输血"后的武术异化为其他范式的"混血儿",武术现代化异化为长拳的"一枝独秀",竞赛规则异化为"制裁者";过程的异化——对武术的解释异化为"随心所欲",武术现代化的发展动力异化为外在于武术的东西;关系的异化——武术系统内不同范式的竞争,其他体育范式与武术的竞争。②

范洁在论述武术的发展与推广时也曾提及武术的异化,她认为,在武术普及化、国际化的推广过程中或多或少地出现了"异化"现象。多年以来,对武术的改良,一直是"移植多于借鉴,模仿多于创造"。有学者指出当前武术的发展继承了近代以来"中体西用"的思维习惯,用现代竞技体育的模式和规范改造传统的武术,使得武术失去了一些固有特性,以至于"萨马兰奇说不知道武术到底是什么"。③

何永成指出,作为一种传统文化标识,武术表征着厚重的"中国性",但在日益加剧的全球化进程中,西方强势话语逐渐实现了对武术的"混化认同",武术也突显出某种程度的主动趋附,导致武术的国际化发展陷入丧失民族"话语权"的尴尬境地。这一切主要体现在指涉系统的"延异"、价值内涵的"脱域"及经济话语的"殖民"三个方

---

① 王岗,高成强,彭鹏.论竞技武术的强化、异化与软化[J].武汉体育学院学报,2007(7):35-41.
② 戴国斌.武术现代化的异化研究[J].体育与科学,2004,25(1):8-10,14.
③ 范洁.试述武术的功能、特性及推广[J].解放军体育学院学报,2005,24(1):79-82.

面。在"世界性系统"的空间中,武术在面对强势文化支配时应采取"抗衡"的文化策略。基于此,在传统武术"回归"的路途中,我们要进行深刻的审视与反思,以求在夯实文化根基的同时做到吸收融通,从而实现生生不已、异化同构。①

王涌涛等指出,中国武术的西方化改造,可以说是对自己文化的无情割舍与抛弃,最终竞技武术成了没有文化内涵支撑的外壳、西方体育的"半成品"。竞技武术以变异的技术体系和畸形的文化形态走进了西方人的视线中。这种为了迎合西方体育文化而以摒弃传统文化为代价的削足适履式的改革,不仅未能博得西方人的青睐,反而将西方人和国人推入不解的迷圈。中国武术为进入奥运会而模仿西方体育的游戏规则及文化精神禀赋进行的竞技化改造的失败,无不证明以西方文化语境为标准和价值参照系将导致东方体育在西方意识形态所规定的舞台上的"失语",即"话语权的缺失"。中国武术因此患上了文化失语症,自己没有话语体系,一旦离开了西方话语,自己特有的表达、沟通、解读的规则也乱了方寸。②

王岗等指出,近代以来,在西方强势文化的裹挟之下,西方体育严重挤压了中国民族传统体育的生存发展空间,以武术为代表的民族传统体育陷入了西方强势文化的"沼泽地"之中,以至于中国武术的发展未能摆脱西方强势文化的示范性和主导性的牵引,导致中国武术的发展走进了一个文化模仿的时代。③ 关于武术与奥林匹克运动的关系,他们认为,武术与奥林匹克运动由于其文化根源和文化品格上的巨大差异,

---

① 何永成. 话语西化进程中的中国武术 [J]. 广东外语外贸大学学报, 2008 (1): 65-68.

② 王涌涛, 周兵, 刘苏. 中国武术文化的"失语"与"话语"平台构筑的思考 [J]. 体育学刊, 2007 (9): 67-70.

③ 王岗, 邱丕相. 中国武术: 尴尬的境遇与发展的新策略 [J]. 体育与科学, 2006 (4): 26-29.

第五章 对中国武术现代化的再审视与再反思

呈现出"以反求正"和"以正求正"两种截然相反的本质区别,进而导致两者之间不可兼容。因此,在这样的文化背景之下,奢谈武术与奥林匹克运动的融合只能是一厢情愿。①

刘祖辉从文化自觉的视角对武术异化体系进行论述,他认为在西方文化话语的时代,武术的发展偏离了其传统文化的土壤,在不自觉状态下发生了异化现象,当今武术异化已形成一个相对独立的体系。武术异化是一个由表及里的长期过程,不仅包括技术、传承、评价等文化异化层面,而且还包含人的形体、心理等人的异化层面。②

高守清认为,民族传统体育文化在西方体育的不断渗透和扩张的过程中,渐渐地成为文化传统被"封存",不少民族传统体育项目的竞赛模式是效仿西方竞技体育的。在开发传统体育项目方面,没有围绕民族传统体育"体育的、传统的、民族的"三方面的内涵进行创新,而只是在竞赛体制和程序化上选择了西方体育的程式,淡化了自身的民族特色及个性,出现了与传统武术"打练结合"渐行渐远的现象。③

综上所述,对于中国武术现代化的异化现象,目前学术界持有不同的观点,尚未形成定论。从上述学者对中国武术异化的研究中可以发现,他们大多认为中国武术不断地被外来体育形式所同化从而产生了异化。中国武术逐渐脱离了武术的本质——"技击",出现了与武术相背离的现象。从中国武术的发展及传播视角来看,受西方体育文化的影响,武术的现代化成为"金牌至上"的奴隶,而忽视了传统武术的真善美精神。研究中国武术现代化的异化现象,有利于审视与反思武术自

---

① 王岗,邱丕相.以反求正与以正求正:论武术与奥林匹克运动的不可兼容[J].体育文化导刊,2006(7):16-20.

② 刘祖辉.武术异化体系研究:"文化自觉"的视角[J].北京体育大学学报,2014,37(12):39-44,66.

③ 高守清.论民族传统体育的异化及理性规避[J].体育与科学,2011,32(1):83-85.

身的文化内涵,对实现中国武术的可持续发展具有一定的前瞻性及现实意义。

二、文化层面下中国武术现代化转型的异化

党的十九大报告指出,文化是一个国家、一个民族的灵魂。文化兴国运兴,文化强民族强。没有高度的文化自信,没有文化的繁荣兴盛,就没有中华民族伟大复兴。文化决定着一个国家的精神面貌,对一个国家综合国力提升和文化强国建设具有重要意义。武术在历史长河中发展至今,始终以儒家文化与道家文化为文化思想核心,凭借着中华传统文化思想的优势,武术自身的民族独特性得以显现。而信息全球化使各国人文交流合作的纽带更加牢固,属于中华民族的武术更是属于世界的文化产物。

随着我国社会主要矛盾的转变,在符合中国国情的条件下,从实际出发,努力实现中国武术文化的现代化发展对中国文化的现代化发展具有重要的推动作用。在文化全球化视野下,中国武术不断进行改革与创新以寻求更大的发展和走向国际,期望在实现国家现代化发展的同时进一步促进自身的发展。我们欣喜于武术取得一定成果的同时,也发现武术的思想文化正不断地受到外来文化的冲击。在西方主流体育精神的主导下,为了适应国际化发展的需要,中国武术不断进行自我革新,其思想文化逐渐发生不同形式的异化。

(一)武术现代化的世界性异化

中国武术作为中华民族的文化瑰宝,蕴含着中华民族几千年的历史文化,逐渐成为我国极具代表性的民族传统体育项目,在中国人民的心里,武术是体育,却高于体育。在社会现代化发展的背景下,武术作为中国传统体育的代表,需要不断适应时代的需要,不断更新自身体系,以创造新的发展空间,武术现代化既是时代发展的必然要求,也是武术

第五章　对中国武术现代化的再审视与再反思

自身发展的内在要求。在全球化快速发展的今天，中国武术一直在寻求进入奥运会的生存之路，以促进自身的国际化发展，为了实现这一目标，武术的发展理念、竞赛规则、技术动作不断以西方竞技体育的要求为依据进行改造，导致武术发展逐渐脱离民族传统文化。以奥林匹克为代表的西方体育文化在世界上盛行，各国人民都希望本国的体育项目能够走进奥运实现国际化发展。在这种全球化格局的影响下，中国武术的文化内涵和制度体系也正悄无声息地发生着改变。国家体育总局武术运动管理中心原主任李杰指出，竞技武术要进入奥运会，就要按照西方竞技体育的要求和模式发展，但是中国武术与西方竞技体育无论是在文化内涵、发展历程还是在技术体系上都有着本质的区别，失去本我的模仿只会让武术成为西方现代化发展之路的牺牲品。[①]

1. 现代化不等于标准化

随着现代武术的不断发展，其难度技术不断涌现并逐步完善，出现了竞技武术偏离武术本质——技击，呈现"体操化"的现象。在西方竞技体育文化的影响下，武术标准化成了竞技武术发展的前提条件，"高、难、美、新"的技术标准成了竞技武术发展的方向。武术竞赛规则借鉴了竞技体操的评分标准，在评价制度上进行改革与创新，为裁判员的评分带来了一定的便利，同时也为运动员带来了更大的上升空间。竞技武术成为目前推广力度最大的武术项目，因其较为符合西方体育的思想精神，被认为是最有希望走上奥运会舞台的项目。在这样殷切的希望下，竞技武术越来越朝着"操化"的方向前进，武术攻防技击属性逐渐淡化，甚至无法体现，越来越多的人认为武术就是所谓的"空架子"。植根于中国传统文化沃土的武术在一味迎合西方体育模式的改革中，逐渐失去了自己本源的东西。周伟良认为："武术是以技击为主要内容，以套路和格斗包括功法练习为活动形式，注重内外兼修的中国传

---

① 李杰. 武术与奥运会 [J]. 体育文史，2000（5）：8-9.

统体育项目。"① 如今，竞技武术早已脱离了传统武术的本质特色，一味地追求技术的演练水平，忽视了武术自身的功法练习。我们现在看到的竞技武术完全是一种具有艺术性的武术表演，其早已失去传统武术固有的精神文化，脱离了文化本位。

时至今日，西方体育在世界体育舞台上仍占据主导地位。因此，中国武术以西方体育文化为载体，将自己推上国际舞台，这无疑是一条捷径。但近代以来，在外来文化的渗透、自身主体性的缺失、国粹主义观念的左右、标准化"度"的不当把握等因素的影响下，武术标准化面临越来越严重的文化安全问题。② 在以西方体育思想为主流思想的时代，武术改革的结果必然是使武术具有与自身格格不入的文化内涵。武术的标准化发展实质上是一种以西方体育为标准的模仿，在全球化进程中中国武术所映显出来的自觉以西方体育文化为参照的发展趋势，与其说是传承中的代际断裂，不如说是一种深刻的文化嬗变。这种文化嬗变不是在本民族文化的基础上进行外来文化的吸收，而是丧失了文化自信的自我殖民心态。全方位接受西方文化渗透的标准化方式，对国家的文化安全存在着重大的威胁。③ 东西方文化基因的不同，要求中国武术必须根据自身的文化特色进行现代化发展，要充分理解现代化不等于标准化与西方化。在处理中西方文化关系上，要始终坚定文化自信，深刻认识到：中华民族的文化传统决定中国武术的发展绝对不是一味地标准化与西方化，而是符合中国特色社会主义的现代化发展。武术在进行标准化过程中应始终以维护国家文化安全为最终目标，适度借鉴外来文化，甄别与选择文化，运用标准化的学科理论指导自身的现代化发展。

---

① 周伟良. 中国武术史 [M]. 北京：高等教育出版社，2003：3.
② 李守培，郭玉成. 文化安全视域下的武术标准化问题及对策 [J]. 上海体育学院学报，2015，39（5）：77-82.
③ 周伟良. 论当代中华武术的文化迷失与重构：以全球化趋势下的国家文化安全为视角 [J]. 首都体育学院学报，2007（1）：4-17.

第五章 对中国武术现代化的再审视与再反思

为了适应时代的需要，竞技武术的技术标准与竞赛规则正在不断发生变化，具有技击性的武术动作演变成了表征技击，技术的本质特征已经脱离了做出动作的目的性与可用性。例如，竞技武术套路C级难度动作：旋风腿720°接马步、旋子转体720°接竖叉等，大幅度的动作与身体旋转，早已延误了技击的时机，这就有花拳绣腿之嫌。虽然现在的竞技武术是在现代竞技化训练理念的指导下进行的，但是"高、难、美、新"的技术动作与中国传统武术文化的指导理念相背离。传统武术注重"协调性（整体协调）"，讲究"内外兼修，形神兼备"，它要求每个动作都要达到从身到心的协调统一。以形意拳的"内外三合"为例，该拳种讲究"手与足合、肘与膝合、肩与髋合、心与意合、意与气合、气与力合"的统一，套路的一招一式都要求上与下、内与外、形与神、躯干与四肢的协调。因此，传统武术演练的目的不是追求"更高、更快、更强"，而是追求身法自如的整体协调。

将武术动作简单化、标准化有利于武术的国际传播，对进一步增加武术习练人数，推动武术进入奥运赛场具有重要意义。但如果武术的传播仅是浅层次的普及，不仅会造成国际社会对武术的误解，更会造成武术文化底蕴的缺失。以武术格斗项目散打为例，散打正逐渐向西方拳击的方向发展，武术友好切磋的宗旨演变成了以击倒对方为目的，散打技术动作好像难以满足大众的观看欲望，相对于东方人，西方人更喜欢极限、刺激、暴力、血腥的观看体验，为了吸引眼球，散打技术动作也越来越向拳击靠近，这种一味讨好他人的风格最终导致自身技术的异化。中国武术若不能回归传统，将逐渐沦为一种四不像的存在，在现代化发展中尴尬生存。我们若想实现武术的现代化发展，必须要从文化战略的角度着手，不能仅停留在武术技术传播层面。现代化发展更要实现人的现代化，文化对人的影响是潜移默化的，武术在传播过程中应注重培养人的个性化、信息化、民主化、创新化等能力，而不是标准化地练习武术动作，机械性地掌握武术技能。

过度模仿西方体育文化制度的竞技武术，逐渐失去了其优秀的民族传统体育精神，越来越脱离武术的原有风貌，其发展也愈发艰难。标准化只能让武术达到基础的普及，但武术现代化不仅要求其实现全球化，更要求其多样化、生态化、个性化、创新化发展。例如，太极拳在国际推广过程中逐渐出现功能异化的现象，属于武术的太极拳，其本质属性仍是以攻防技击性为主，而推广中太极拳总以阴柔的风格示人，在音乐的配合下，向"舞"的形式靠近。太极拳招式柔美，习者形态优美，故被称为"东方芭蕾"，正因为这一特征，所以现在很大一部分的太极拳爱好者是女性，因为女性喜舞善舞，更倾向形态优美的运动。[①] 太极拳在练习形式上要求"用意念引导动作、用意不用力"，而如今的太极拳在练习形式上过多强调外在的东西，注重音乐的配合及服装的展示，太极拳的传统练习方式逐渐被淡化，太极拳中武术的生命力没有得到彰显，突出的只有健身与表演作用。普及过程中实施的简化版太极拳，其动作简单、标准，对于基础的普及来说确实起到了一定的作用，但与现代化标准仍存在巨大的差距。武术自产生以来，其本质就是技击性，若偏离了这个本质，武术技术动作即会发生异化。我们不反对标准化，但是标准化不等于现代化，仅在标准化上下功夫，脱离自身本质发展，武术不仅很难实现现代化，最后还将失去自身的文化特色，成为现代化发展中的牺牲品。武术的标准化传播蕴含在武术的现代化发展中，通过标准化的实施，促使武术的国际化普及，实现武术的现代化发展，进而促进中国文化的现代化发展。

武术作为民族传统体育项目，处在中国与西方、传统与现代、民族

---

① 余德军．太极拳功能异化探究［J］．武术研究，2019，4（4）：15-17，23．

第五章　对中国武术现代化的再审视与再反思

与国际等文化力量冲突的最前沿，正面临着严重的价值迷失与生存危机。① 中国武术的现代化发展不是僵硬刻板地标准化与简单化，而是在科学理解现代化发展的前提下，根据武术的特点，立足实际，实现武术的现代化发展。但由于武术在现代化发展过程中一味地迎合国际体育发展的潮流，其思想理念逐渐出现偏差。标准化的普及方式就像一把"双刃剑"，运用得好可以促进武术的现代化发展，但若运用不当则可能导致武术失去自己民族的文化声音，成为西方现代化下的附庸，历史已经向我们证明"全盘西化"的邯郸学步是行不通的。正是由于不同民族的文化存在差异，才形成了丰富多彩的世界文化，武术若一味向其他竞技体育靠拢，过度标准化，失去自身的独特性，反而难以在世界上立足。

2. 现代化不等于金牌化

任何文化形式都是其母体文化的产物，正如武术根植于中国传统文化一样，竞技体育也是在西方体育文化的孕育下产生的。以古希腊奥林匹克运动为基础的西方体育文化，是以不断超越对手、挖掘自身运动极限、追求"更高、更快、更强"为目标的现代竞技体育。竞技武术是西方体育运动与中国传统武术的结合，以奥林匹克运动精神为发展航标，发展至今，竞技武术已被完全西化，这对中国武术的发展产生了极大的影响。武术源于中国传统文化，以追求"天人合一，和谐共存"为最高目标，传统武术讲究"以和为贵，点到为止"，而竞技武术则讲究"竞争"的西方体育文化理念。竞争性是中西体育文化碰撞与融合的焦点，从某种程度上讲，没有传统武术对西方体育竞技思想的借鉴，便不会产生现今意义的竞技武术。② 由此，可以将竞技武术解释为中国

---

① 黄聚云. 体育强国建设中的文化安全命题[J]. 上海体育学院学报，2012，36（3）：7-13.

② 洪浩. 竞技武术的概念界定与本质新论[J]. 体育学刊，2005（5）：53-55.

传统文化在"西方文化严重影响下的异化果实"①。正因为如此,在体育全球化发展的背景下,中国武术在现代化发展中必须始终坚定其民族性、文化性与独立性,促使自身成为国际社会不可缺少的东方体育。

四年一届的奥林匹克运动会,是当今世界上规模最大、层次最高、项目最多、影响最广的现代竞技体育运动会。一个项目一旦进入奥运会,成为奥运会的正式比赛项目,对它所代表的国家及国家的文化所带来的全球性的宣传效果,是任何广告和传播媒介都不及的,它在传播本国文化的过程中,也能成为促进国家经济增长的催化剂,最终受益的将是整个国家的人民。换言之,无论是哪个国家的体育项目成为奥运会的正式比赛项目,都将对该国的体育文化甚至民族文化产生深远的影响,奥运会为体育项目的国际化提供了强有力的国际平台。

随着2008年北京奥运会的成功举办,中国武术的奥运情结愈发强烈,日本柔道与韩国跆拳道相继入奥成功大大激励了我国武术工作者,于是乎,把中国武术这一国粹推上国际舞台的呼声日益高涨。中国武术流派纷纭,内容繁杂、形式多样,选谁代表中国武术进军奥运会成为武术工作者面临的一大难题。因此,武术进入奥运会只设置竞技武术,即使是竞技武术,也只有一两项可以进入奥运会。显然,这些武术项目只是中国武术的一小部分,并不能充分展现中国武术的文化魅力。目前出现了竞技武术长拳"一支独大"的现象,这对其他拳种的发展带来了沉重的打击。

竞技武术作为国家大力推崇的武术项目,近些年的发展已取得了较好的成绩,尤其是2020年1月8日中国武术成功进入青奥会,成为武术发展史上的里程碑。但竞技武术的现代化向着金牌化靠拢,其目的已不再单纯是促进武术的发展,更多的是利用武术运动成绩来促进武术产

---

① 王岗,赵岷,吴永宏. 传统武术和竞技武术的文化差异[J]. 体育文史,2000(3):7-9.

第五章 对中国武术现代化的再审视与再反思

业发展、打造武术经济等。竞技武术使武术的本质异化为运动成绩，金牌成为人和武术本质的替身，成为奴役人和武术的异己力量。在这种异己力量下，运动员不断提高动作难度、突破自身极限来展现武术的美，在这种"美"之下，武术的技击属性荡然无存。作为中国国粹的武术，在外国人眼中是一种能打能斗的功夫，以至于外国人都认为中国人民人人怀有绝技。而现在我们展现出的中国竞技武术只有"美"，没有技击，不得不让人怀疑，这样的武术能打吗？武术的现代化不是以金牌的数量来体现的，竞技武术若仅以运动成绩为目标也难以实现自身的现代化发展。

随着武术的现代化发展，武术正在产生带有当前武术现代化发展特征的产物（对象化）。武术的对象化，既是武术本质的实现，也是武术发展的需要，更是武术文化形态发展必经的过程。在笔者看来，武术异化是武术发展的必然结果，无论是传统武术的异化还是现代武术的异化，都属于武术自身的异化，都离不开武术自身的活动或者对象化。但是，武术异化只是武术对象化的一种特殊形式。"唯金牌论"的出现，造成奥林匹克理念的异化，运动员为了获得奖牌不惜以不当行为实现自己的目标，这种行为不仅不利于运动项目的发展，更违背了奥林匹克精神。我们提倡竞争、拼搏、进取，以展现最好的运动风采为荣，反对以金牌为最高目标。运动项目的现代化发展要防止出现"唯金牌论"的思想，防止运动赛场成为实现其他利益的"市场"。

入奥视域下，中国武术赛事举办得好坏体现着武术目前的发展水平，武术比赛在某种程度上可以促进武术产业的发展。武术赛事对于武术的发展来说至关重要，进入赛场的项目能获得更多的曝光机会，被大众熟知。但中国武术拳种众多，不可能每种项目都成为比赛项目。为了能够进入比赛项目，一些传统武术不得不进行标准化的改革，但在改革过程中传统武术的本质消失了。一些没有改革的传统武术因不受重视,习练人数较少,没有传承人,随着时间的推移便逐渐失传了。有比赛就存在竞争,那些成为比赛项目的传统武术在赛场上并没有体现出其"修身、养性、调息"的本质,在这种比赛模式中表现出严重的"水土不服"。

(二) 武术现代化的民族性异化

在冷兵器时代,武术是士兵近身搏杀的技能,技击是其本质,简单有效的搏杀技能成为支撑士兵进行军事斗争的主要手段。随着火器的出现及其在战争中的广泛应用,武术随之失去了它在军事活动中的价值。从军事作战中退出的武术,逐渐向民间发展,并以更丰富的动作内容与运动形式来满足各阶层的需求,从而加快了武术的异化过程。

民国时期,武术得到前所未有的飞跃性发展,无论是能强身健体的武术套路运动,还是能进行搏杀的军事武术,都为武术的生存与发展创造了良好的前提条件。19世纪末,中国在甲午战争中失利,梁启超等人将其归结于"军国民教育的缺乏"。1915年4月,在天津召开的全国教育会联合会第一次会议上许禹生等人提出《拟请提倡中国旧有武术列为学校必修课》议案,不久之后,教育部便采纳使用了该议案。其中,以马良为代表的"新武术"和1910年在上海创立的精武体育会为武术的传播与普及做出了极大的贡献。此外,随着西方体育文化思想的涌入,中西体育文化产生了剧烈碰撞,武术的组织形式与功能价值也随之发生变化,武术文化逐渐向西方体育思想靠近,中国武术的传统色彩逐渐淡化。"土洋体育之争"模糊了中国武术的发展方向,为了更快、更好地发展,中国武术开始朝着西方体育模式发展,具有丰富文化内涵的中国武术开始趋于简化、量化、竞技化,历经数十年的发展,成为独立且区别于传统武术的体育活动——竞技武术。这一时期的中国武术完成了传统武术向现代武术异化的过程。

武术在近代的发展过程中,逐渐走向"民族虚无主义";盲目采用

第五章　对中国武术现代化的再审视与再反思

西方竞技思维来整改武术"入奥",其民族性被淡化。[①] 中国武术在中国传统文化的滋养中产生,具有中国传统文化的特点,其"以和为贵""点到为止"的文化观念与西方提倡的竞争精神大相径庭。中国武术为了尽快进入国际体育赛事,不断对自己的技术动作进行改革,以求得到奥林匹克运动赛事的入场券。

在历史长河中留存下来的中国武术,蕴含着众多时代的传统文化内涵,每经历一个社会的更替,其身上就会留下这个时代的文化印记,从某种程度上讲,武术体现着一个社会的发展状况,具有鲜明的民族特色。中国武术的教习制度不同于西方国家,在很长时间里,师徒传承在中国武术发展过程中都发挥着重要作用,习武者通过师傅的言传身授切实感受武术的魅力,但这种传承制度对于武术的发展来说具有局限性,所以从历史中走来的中国武术,其身上必然带有传统文化的色彩,这种传统色彩使武术的文化特色更加突出,但传统文化中糟粕的东西也阻碍着武术的前进。尤其在现代的发展过程中,总有些人打着传统大师的名号,做一些复辟腐朽传统文化的事,抹黑传统武术的形象,发表一些愚昧的观点,让本就举步维艰的传统武术发展更加困难,在这些"大师"的行为影响下,传统武术成为一种人们茶余饭后的笑料,造成大众对武术的误解。武术文化中精华的部分被人们忽视,愚昧的部分反倒被大众熟知,本该发扬的没有发扬,本该丢弃的没有丢弃,人们对武术文化没有形成正确的认识。

目前,中国武术的发展分为竞技武术与传统武术两条道路,竞技武术朝着标准化、竞技化的发展方向,以国际化传播为主,以进入奥运会为最终目标;传统武术朝着民族性、独特性的方向发展。但目前传统武术的推广力度远不及竞技武术大,竞技武术越来越竞技化、西方化,传

---

① 吴科锦,李鹤. 近代武术的演进及其民族性分析[J]. 武术研究,2020,5(9):7-9.

统武术越来越传统，身上糟粕的地方仍然存在。由于两条道路的发展方向截然不同，导致竞技武术与传统武术不和谐，竞技武术瞧不起传统武术、传统武术看不上竞技武术，同属于一个技术体系的竞技武术与传统武术成了两种类型的拳种，本该并驾齐驱的两者却在西方体育思想的影响下渐行渐远。

中国文化含蓄、内敛，注重和谐，而西方文化注重突破与挑战，两种不同文化下形成的体育运动必然不同。受中国传统文化的影响，中国武术推崇"天人合一"的自然观，注重气息的调节，而西方体育运动则强调速度、力量、爆发力等。武术拳种流派林立，十八般武艺样样精通，这种庞大的技术体系是任何国家的体育运动都无法比拟的。一种事物如果是独特的存在，那么它的发展必定是艰难的，因为它找不到相似的事物去借鉴。中国武术的独特性表现在：一方面独具中国民族特色；另一方面由于世界上没有可与之比拟的运动项目，想要找到同类实属困难。在这种情况下，中国武术为了融入世界大家庭，根据西方体育模式进行改革，逐渐减少了自己的民族独特性。

中国武术的文化内涵决定着武术的发展不能照搬西方的体育发展模式，应当探索出一条属于本民族的文化发展之路。中国武术应该以"一个国家的民族传统体育的唯一竞争优势在于它是否具有创造世界其他地区人民所渴望的独特性社会价值能力"为评价标准来设计和运作武术的国际化进程，不能盲目模仿西方而失去民族性。采用"扬弃"的观点看待传统武术的发展，对传统武术中愚昧的文化进行抛弃，精华的文化进行发扬，对一些抹黑传统文化的"大师"进行打压，让传统武术在新时代下重现传统文化的光芒，实现其现代化发展，让传统的成为现代的，让民族的成为世界的。

三、制度层面下中国武术现代化转型的异化

现阶段我国进入了制度建设的关键时期，"以人为本""建设和谐

第五章 对中国武术现代化的再审视与再反思

社会""科学发展观""可持续发展"的指导思想为各行业、各学科的发展奠定了理论基础,也将为新时期传统武术的发展指明方向。① 制度是事物前进道路上的有力保障,为事物的发展保驾护航。中国武术从古至今一路走来,离不开制度的建立与健全,从古代武举制度的产生到现在武术制度的不断完善,随着社会的进步、时代的发展,武术制度一直在不断改革创新,武术的现代化发展也必将对武术制度产生一定的影响。

(一)古代武术制度现代化的异化

被后人誉为"大唐盛世"的唐朝,在政治、军事、经济等领域都取得了巨大的成就。在唐朝,中国武术迎来了新的发展机遇。武则天在长安二年(702 年)正式开始推行武举制度,这对后世产生了深远的影响,开创了广纳天下俊杰人才的先河。② 唐朝武举制度的建立掀起一股武术浪潮,这种选拔武术人才的方式,极大地刺激了民间习武的技击性,这也成为封建统治者网罗武备人才的重要制度。但初创时期的武举制度偏重武技与英勇,重点只是某一个武术技法,如马上枪法,武技发展不够全面。

到了宋朝,武举制度被纳入整个科举体系中,较唐朝时期,此时的武举制度较为规整,并确定了具体的考试办法与考试程序。与唐朝只重技勇相比,宋朝规定了武举考试不能只考武力,同时还要进行军事策略的考问。这一制度发展到南宋时期演变成越来越突出的"重文轻武"现象,出现武官不强化自己的兵法与武艺,反而一门心思去学文的状况,武学思想的转变严重影响着武举制度的发展,武举制度呈现出消极的发展状态。一个朝代若没有强大的军事作战能力、高超的武艺,仅纸

---

① 孙维国,辛治国. 我国制度建设大背景下的传统武术发展[J]. 搏击(武术科学),2014,11(10):16-18.

② 周小青,杜俊凯,张冬琴,等. 武举制度对武术的影响研究[J]. 体育文化导刊,2019(1):60-64.

上谈兵如何保护国家，终是无济于事。最终，伴随着南宋的灭亡，武举制度也被暂时搁置。

元朝严禁汉人练习武术，武举制度仍旧被搁置，并没有得到发展，直至明清两朝，尤其是在清朝，武举制度才得以兴盛。清朝建立武举制度的一个重要原因是军事与政治需要，通过武举制度强化人才的军事技能。我们可以从武举的测试内容看出清朝特别重视骑射技艺，从武举的测试形式上看出清朝具有比较完善的测试程序。① 在清朝，武官地位比文官略高，出现了"重武轻文"的现象，这与当时的统治者有着密切的关系。清朝的统治者不像宋朝与明朝的统治者那样对武官有着极强的防备心理，清朝统治者有着明确的目标，通过武举制度选拔军事才能出众的武者，进而加强清朝的军事建设。清朝统治者对武举制度高度重视，与其他朝代相比，清朝不论是在武举制度的内容上还是在武举制度的形式上都取得了不错的成就，武举制度也逐渐严密与完备。清朝统治者提倡尚武精神，其对武举制度的重视促进了民间习武风气的好转，极大地降低了由习武之人带来的社会不安定因素。在清朝，习武者可以通过参加武举考试求取仕途，社会风气逐渐好转，武德逐渐产生，如出现了"未习武者先修德"等武德思想，"武以德观"的道德思想被广泛推崇，这为后世的武术发展奠定了深厚的德文化基础。

在冷兵器时代，武术是在战场上格斗搏杀的技能，作为一种军事技能被重用。但随着火器时代的来临，武术的发展遭到阻碍，武举制度下培养的技能在该时代无用武之地。尤其是1840年鸦片战争的爆发，旧有的武举制度下培养的武术人才已无法适应新的战场，武术的弊端也逐渐在战场上显现出来，曾经具有强大功能的武举制度在社会的变迁中逐渐没落。1840年至1901年，清朝开始了最后的挣扎，也曾进行了一系列的革新运动，均以失败告终，对清朝武举制度影响最大的是李鸿章创

---

① 李娜. 清代武举制度对武术的影响 [D]. 太原：山西大学，2012.

第五章 对中国武术现代化的再审视与再反思

办的北洋武备学堂。① 武备学堂逐渐取代武举制度，各类军事人才通过武备学堂学习火器以适应新时代的要求，至此武举制度也落下帷幕。

回顾武举制度的发展，从产生到退出历史舞台，其为中国武术的发展提供了丰富的历史经验，统治阶级对武举的重视使武术人才有了一定的社会地位。在清朝，民间武术得到空前发展，国人的习武热情高涨，民间习武团体不断壮大，这为日后武术的发展提供了一定的群众基础。清朝提倡尚武精神，该时期的武术与中国哲学不断融合，形成了影响至今的"天人合一"思想，在发展过程中逐渐与五行学说、阴阳与八卦思想相融合，武术与气功的结合更促进了当今武术在健身领域的发展，武举制度对中国武术的发展起到了重要的推动作用。

武术从近代战场上退出，标志着武举制度的终结，同时必将出现新的制度填补空位。随着时代的进步，以培养军事人才为目的的军校应运而生，这种培养制度取代了武举制度。随着武举制度的消失和军事学堂的出现，武术要想发展必须另谋出路以适应时代的要求，在这样的背景下武术的体育化进程加快。中国武术体育化是历史发展的必然选择，对于中国武术而言，除了具有军事、政治上的攻防技击功能外，还包括教育、竞技、健身、娱乐等相关功能属性。② 武术的体育化也是武术为了在时代变迁中获得生存而产生的一系列功能变化，退出战场的武术不断挖掘自身的功能，在近代逐渐散发出智慧的光芒。

（二）近代武术制度现代化的异化

武术退出战场后被迫转向民间，出现了一些"卖艺谋生"的武者，通过展示高超的武艺技能以获得经济收入，同时还有一些武术教员，通

---

① 周小青，杜俊凯，张冬琴，等. 文化、制度与功能：武举制度的嬗变及其对武术的影响 [J]. 北京体育大学学报，2019，42（1）：70-77.
② 李印东，李军. 从"土洋体育之争"的历史文化背景谈西方体育对武术的影响 [J]. 北京体育大学学报，2010，33（4）：6-10，30.

过开设武术学堂教授武艺来谋生，此时现代武术的雏形基本形成，为武术以后的发展奠定了基础。

随着武术退出战场，古代的武举制度异化为以军校为主体培养军事人才的制度，武术的攻防技能随着时代的变迁而逐渐弱化。武术体育化是近代以来为了传播和传承武术精华，"土洋体育"融合的过程，授课由单一向多元发展，由师徒传承转向集体授课，只有选择这种模式才能应对复杂多变的环境。[①] 但受西方体育思想的影响，世人对武术的本质产生误解，使武术打练分离，脱离了技击属性。

自鸦片战争以来，中国饱受列强的欺压，中国人民沉浸在沮丧与消极的情绪中，此时民族精神急需振奋。为了提高国民的身体素质及振奋国民的精神，中国武术作为凝聚中国人民精神的纽带，开始走进校园，实现自身的体育化发展。武术开始走出国门，走向世界，与其他国家的文化进行交流，此时便产生了"土洋体育之争"，在"土体育"与"洋体育"两种体育思想的碰撞下，武术逐渐接受了西方体育文化，从民族性的体育向现代体育转变。"土洋体育之争"的本质是东西方的文化差异，它主要是围绕着中国体育发展是按照西方的"洋体育"模式还是按照中国的"土体育"模式进行而展开的争论。20世纪20年代初，西方体育文化的强烈渗透对中国传统体育造成了极大的威胁，民族自尊受到伤害，以中国武术为代表的民族体育项目开始被各界人士推崇，以振兴民族为目的的武术现代化进程就此开启。

1915年，在全国教育会联合会第一次会议上通过的《军国民教育施行方法案》规定"各学校应添授中国旧有武技。此项教员，于各师范学校养成之"。从这时开始，中国武术便正式进入学校教育，作为体育教育的一部分，武术的体育功能被认可。由于西方体育在中国的快速

---

① 李义君，尹碧昌. "土洋体育之争"的回顾与启示 [J]. 体育学刊，2015，22（5）：17-21.

第五章　对中国武术现代化的再审视与再反思

传播，民族性的传统体育发展受到阻碍，在这样的历史背景下，中国武术不得不依照西方体育制度去改造自己的制度，这种制度的改造使中国武术朝着竞技化方向不断前行。

中国武术在历史上一直被作为娱乐、健身、表演、教育等项目进行发展，还未形成竞赛的发展模式，在西方竞技体育文化的渗透下，中国武术也开始了自己的竞技之路。1924年，第三届全国运动会首次列武术套路为表演赛项目，并制定了按手、眼、身、法、步五项技法进行评分的简单规则。① 这是武术第一次以西方竞技体育为依据进行的表演，此后武术竞赛开始逐步得到重视与发展。从冷兵器时代向火器时代转变，中国武术在军事作战中所发挥的作用越来越少，技击属性也逐渐被掩藏起来，在振奋民族精神及保护中国传统体育项目的过程中，武术的教育和健身价值逐渐突显。随着第一次武术竞赛表演的举办，武术的竞赛规则得以产生与完善，这对武术的标准化发展起到了重要的推动作用。

1949年，中华人民共和国成立以后，中华全国体育总会筹备会议明确提出"要开展武术活动"；1950年，中华全国体育总会武术工作座谈会把武术提上了我国体育工作的议事日程；1952年，中华全国体育总会正式成立，武术正式被列为推广项目。由此，武术正式被作为体育项目进行发展与推广。

（三）当代武术制度现代化的异化

武术制度为武术现代化发展提供有力保障，不断建立与健全武术的现代化制度，注重制度在武术经济、文化、思想等领域的保障作用，是实现武术现代化发展的必然要求。但我们也要认识到，制度并不是万能的，制度本质上是对人的各种现实关系的规定，相较于人的实践而言，制度具有一定的滞后性。从历史中走来的中国武术，其身上带有浓厚的

---

① 国家体委武术研究院. 中国武术史 [M]. 北京：人民体育出版社，1996：352-353.

文化色彩，在中国文化土壤中产生的武术制度，其发展过程并不是一帆风顺的。从唐朝武举制度的产生，到清朝武举制度的发展壮大而后走向终结，再到如今武术体育化进程，武术制度一直在努力探索属于自己的发展道路。

中国武术制度在很大程度上受到西方奥林匹克运动会的影响，近些年，武术工作者一直致力于中国武术的传播与普及，努力将中国武术推向国际。"一带一路"倡议为中国武术提供了一个良好的传播平台，为中国武术走进奥林匹克运动会奠定了良好的群众基础。"一带一路"建设促使中国武术协会的成员国越来越多，武术的群众基础越来越扎实，这不仅推动武术向着奥林匹克运动会迈出巨大一步，更为武术的现代化发展奠定坚实基础。竞技武术对柔韧、力量、速度、耐力、爆发力等身体素质有着较高的要求，这就对其练习人群有一定限制，年龄较大的人不适合练习该项技术。竞技武术对基本功要求十分严格，所以很多优秀的武术运动员都是从小开始练习武术，从而达到较高的武术技能水平。竞技武术的练习者以青少年群体为主，这种技术特点导致武术一直徘徊在奥运门外，这种以青少年群体为主要练习者的技术特点虽未让竞技武术走进奥运会，却让其走进了以青少年为主体的青奥会。武术制度一直在为走向奥运会的竞技武术保驾护航，竞技武术在致力走向奥运会的过程中，逐渐偏离传统，开始向西方竞技体育方向靠拢。技击特点的弱化、民族性的消退，使武术制度出现异化，在发展过程中武术本质属性的丢失，是武术制度异化的主要体现。

一个运动项目的发展在很大程度上受到政府及制度的影响。国家大力发展竞技武术，其制定的制度必然偏向竞技武术的发展，无论是财力、物力、人力还是宣传力度都更多偏向竞技武术的发展。这种偏向使本是同根生的传统武术的发展显得无比落寞，武术制度的偏向性造成两种武术产生严重的分裂。竞技武术与传统武术之间的矛盾也日渐突出，

第五章　对中国武术现代化的再审视与再反思

传统武术的发展过于传统与保守，竞技武术的发展过于西方化，两者的发展是两种极端，这使武术现代化制度的异化更加明显。近些年，传统武术凭借着传统文化及健身作用在民间逐渐发展起来，而竞技武术越来越向着"高、难、美、新"的方向发展，由于其练习难度越来越高，容易使运动员身体受到一定程度的损伤，因此不利于在民间开展。现有武术制度对竞技武术与传统武术两条发展道路没有进行清晰认定，容易造成竞技武术与传统武术分道扬镳。在武术的现代化发展中，我们应当努力实现武术制度的现代化，使竞技武术与传统武术相互促进、相互配合以实现共同发展，共同促进武术文化繁荣。

四、器物层面下中国武术现代化转型的异化

（一）中国武术服饰的异化

服饰是我国民族历史文化的载体之一。随着历史的变迁和时代的发展，武术服饰的内容也在不断地推陈出新。武术服装是中国服装史上的一个旁支，它的起源、发展、变化过程受到极大关注。武术服装最早出现在军事作战中。战国时期，赵武灵王发现，胡人都穿着短衣、长裤，作战时骑在马上，动作灵活方便，于是他改变了长裙、长袍的作战服装，开始大力推行胡服，即改短衣、长裤为作战服装，在服装史上称为"胡服骑射"。① 这是武术服装史上出现的最早变革，为日后武术服装的改良与发展奠定了坚实基础。

武术服装在经过军事战争的洗礼后，到近代时期以马褂为基础，随着经济社会的发展，武术服装得到充分改良。中华人民共和国成立后不久，国家把武术归类于表演性体育项目，武术项目的技术及规则得到进一步完善，武术逐渐成为一项具有现代体育特征的民族传统体育运动，

---

① 李佳瑾. 武术服装改革之思考：以胡服骑射为视角 [J]. 搏击（武术科学），2013，10（1）：10-12，15.

这一时期的武术服饰不仅继承了传统武术服饰的风格，也产生了当代武术服饰的创新。

随着国家对体育事业的重视，武术也得到了大力发展与推广，武术服饰是武术文化的表现形式之一，人们不断提高对面料、材质、加工内容的要求，使武术服饰在习练者身上能得到完美展示。随着武术规则的修订，新规则赋予武术服饰一定的标准性，但其款式依旧以传统服饰为参考形式，以长拳为例，对其服饰提出的要求为：立领、短袖上衣（男子的对襟，有七对直襻；好的半开对襟，有三对直襻）；灯笼裤，松紧腰；软腰巾或硬腰带。[①] 这一时期，武术服饰的基本要素被确定下来，在随后的发展中，武术服饰在面料及装饰内容上不断进行改良与创新，武术服饰的整体风格发生了质的改变。

时至今日，中国武术服饰的发展呈现多元化现象，不再局限于面料、材质方面的改良，在装饰内容上进一步尝试与创新。身为民族优秀传统文化的刺绣便是打开现代武术服饰大门的钥匙之一，其大胆的尝试与创新为中国武术服饰发展史添上了浓厚的一笔。服装上的刺绣图案随武术项目的不同而发生变化，如锦鲤、梅花、祥云、龙凤图腾等图案都有美好的寓意。现代武术的服饰是在对襟、马褂等传统服饰的基础上，结合当今的服饰特点及技术，最终形成的极具中国民族特色的武术服饰体系。

（二）中国武术技术体系的异化

随着社会需求的变化和时代的发展，中国武术的本质正在逐渐改变。传统武术讲究"打练结合"，要求"技击"与"功法"练习相统一。

如今，现代武术的本质已脱离了武术的技击本质，其技术体系与传

---

① 中国武术协会. 武术套路竞赛规则与裁判法［M］. 北京：人民体育出版社，2013：27.

第五章　对中国武术现代化的再审视与再反思

统武术相背离。竞技武术在技术动作、规格及幅度上与技击的原形动作有所差别，甚至出现了一些为了"美感"而穿插在套路中的不具有技击性的技术动作，套路的内容更是以"高、难、美、新"的难度动作为核心技术。"高、难、美、新"的难度动作是在不断挑战人体极限中产生的，在练习过程中时常会导致运动员受伤。用马克思的异化理论解释，这是现代武术对人的异化。一味追求"高、难、美、新"的难度动作，而没有顾及运动员自身的发展条件，这与通过身体锻炼达到强身健体的初衷相背离，也违背了武术的养生之道。竞技武术所追求的"难"是武术套路中的动作难度，现役运动员在个人发展中对"难度"尤为看重，"难度"是评判整套动作得分的重点之一，"难度"得分标准的确立有利于武术竞赛标准化开展。动作的难度主要体现在其价值特征上，如旋风腿720°接竖叉明显比旋风腿720°接马步的分值要高，而运动员的能力与条件是完成该动作的前提条件。在竞技武术中，"高"与"难"是相互联系的，主要表现在技术的难度与动作的质量上，动作质量的好坏在一定程度上会影响整套动作的得分。竞技武术的技术大致可分为平面技术与立体技术，平面技术又可分为物质层面和意识层面；立体技术主要分为衔接腾空技术和技巧难度技术。竞技武术运动常用的难度动作，除旋风腿720°接竖叉与旋风腿720°接马步外，还有旋风腿360°接旋子转体720°接竖叉等，毫无疑问，没有经历过正规指导及系统训练的普通人是不可能完成这些难度动作的。这样的难度动作在竞技武术中还有很多，因此这也是竞技武术异化为"精英"体育的重要原因之一。由此可见，质量与难度已成为评判整套动作的主要依据，高质量与高难度的动作技术成了竞技武术运动员的"毕生"追求。

20世纪50年代中期，由于中国武术受西方体育文化的影响，武术在其发展过程中出现异化，"新武术"便是此次异化的产物之一，其后便迅速成为现代武术的主流文化。奥林匹克体育强调"更快、更高、更强"的文化精神，对于体育中运用技能主导类表现难美性项群，其评判要素分别为：规范、难度、流畅、协调、稳健等。按我国学者田麦久的项群理论分析，竞技武术归属于技能难美性项群。但中国武术与其他体育项目相比，更注重形与神的协调，这在传统武术中体现得尤为明显。中国武术讲究的协调并不单指肢体上的协调，而更在于身与心、自然与人的协调统一。因此，传统武术所追求的并不是竞技体育中的"更快、更高、更强"，而是内与外、形与神的和谐统一。

2001年北京取得2008年奥运会举办权后，武术入奥的呼声也日益高涨，国际武术联合会在第一时间向国际奥委会提出了武术入奥申请，但国际奥委会以武术"参与度不高"为由拒绝了该申请。2001年武术入奥失利后，中国武术协会与国际武术联合会针对武术存在的问题提出了相应的整改措施。日本柔道与韩国跆拳道相继入奥成功，为身为中国民族传统体育项目的武术带来了新希望。通过对其他民族传统体育项目入奥成功的借鉴，中国武术再次进行变革，在竞技之路上越走越远。为了适应"入奥"的需求，武术正在逐渐向西方竞技体育靠拢，在其发展过程中逐渐脱离了武术自身的文化内涵，而西化后的武术成为西方体育的"半成品"。发展至今，竞技武术中的技击元素越来越少，技击的原形动作逐渐演变成表征技击，其本质已偏离武术动作的最初目的，"高、难、美、新"的技术动作无疑有花拳绣腿之嫌。

古代时期，人们为了生存与发展，赋予武术杀戮的特殊性能，随着和平时代的到来，武术的杀戮技击与时代追求的和平发展相背离。武术开始寻找适合自身的传播方式，武术舞台剧便是其中之一。这种形式是向大众普及武术文化的最直接方法，人们能直观感受武术的魅力，但也在一定程度上削弱了武术的技击性，加大了其艺术性的发展。武术舞台剧是弘扬民族传统文化的一把"双刃剑"，在传播层面上，舞台剧的表现形式为武术的传播与发展提供了一个崭新的平台，但在文化层面上，

第五章 对中国武术现代化的再审视与再反思

舞台剧的表演方式容易使人们对武术的理解产生偏差,技击的攻防作用不再用于军事作战,而更多地用于艺术表现,这不利于武术的文化发展。武术逐渐向"艺术化"的方向发展,以竞技武术为例,新修订的武术竞赛规则要求长拳和太极拳比赛中要有配乐,这进一步体现出竞技武术追求"艺术性"的特征。在竞技武术的发展中,运动员为了套路的"美感",时常会加入一些与武术毫不相关的技术动作,上文提及的武术舞台剧也是同一道理,表演者在台上运用夸张技术手法不断地刺激观众的视觉神经,使其对武术产生无限的遐想,这也是为什么外国人会有学习中国武术就可以做到"飞檐走壁"的想法。过度强调武术的"艺术性"会导致武术本质的弱化,而"艺术性"只是武术的一个基本属性,这并不意味着它可以代替武术的本质属性。

诸多学者对竞技武术的发展进行争论,主要是对武术的技术提出质疑,他们认为现代武术向"舞蹈化""体操化"的方向发展。大部分学者承认武术异化的存在,但其研究仅限于武术技术异化"是什么"的一个状态,并没有明确解释"为什么"会出现武术技术异化。

参考文献

1. 王岗，陈连朋. 中国武术的发展是要"面子"还是要"里子"[J]. 体育学刊，2015，22（2）：11-16.

2. 李国占. 竞技武术与日本空手道入奥成因的对比研究[D]. 北京：北京体育大学，2019.

3. 罗荣渠. "现代化"的历史定位与对现代世界发展的再认识[J]. 历史研究，1994（3）：153-165.

4. 吴忠民. 社会公正与中国现代化[J]. 社会学研究，2019，34（5）：1-18，242.

5. 卢元镇. 中华民族传统体育的国际化[J]. 体育学刊，2016，23（5）：1-3.

6. 王海蛟. 浅谈中华民族传统体育现代化的内涵[J]. 科技信息，2010（23）：677-678.

7. 张选惠，刘涛，郭英芝. 民族传统体育现代化维度的重构[J]. 成都体育学院学报，2008（2）：11-13，36.

8. 白晋湘，田祖国，宋彩珍. 全球化背景下我国民族传统体育的文化认同与现代化发展[J]. 文史博览（理论），2011（1）：53-55.

9. 王志威. 英国传统体育现代化及其启示[J]. 体育与科学，2011，32（3）：79-83，78.

10. 郭志禹. 论观念转变与信息化促进武术现代化[J]. 北京体育大学学报，2005（10）：1301-1302，1311.

11. 罗香玉，安彪．二十世纪武术百年近现代化发展的成就与不足［J］．科技信息，2010（13）：557-558.

12. 斯塔夫里阿诺斯．全球通史：1500年以前的世界［M］．吴象婴，梁赤民，译．上海：上海社会科学院出版社，1988.

13. 卫忠海．中国现代化的理论与实践［M］．成都：四川大学出版社，2008.

14. 艾森斯塔德．现代化：抗拒与变迁［M］．张旅平，沈原，陈育国，等译．北京：中国人民大学出版社，1988.

15. 布莱克．日本和俄国的现代化：一份进行比较的研究报告［M］．周师铭，胡国成，沈伯根，等译．北京：商务印书馆，1984.

16. 潘冬．中日文化交流视域下的日本武道现代化转型及其启示［J］．暨南学报（哲学社会科学版），2016，38（7）：95-102.

17. 杨敢峰，周春晖．历史学视野下日本剑道技术变迁之研究［J］．体育科研，2018，39（5）：15-21.

18. 张大为．武林丛谈［M］．北京：当代中国出版社，2013.

19. 杨建营．对"技击是武术本质"的深化研究［J］．武汉体育学院学报，2010，44（11）：66-69.

20. 李守培，郭玉成．中国传统武术天人伦理的历史形成研究［J］．体育科学，2016，36（12）：77-84.

21. 庞建民，林德平，吴澄清．对竞技体育中异化现象的分析与研究［J］．体育文化导刊，2007（1）：47-49.

22. 邵桂华，满江虹．"举国体制"下的竞技体育异化现象分析［J］．体育学刊，2015，22（4）：17-21.

23. 曹卫．人文体育观渐入：现代体育"异化"的反思［J］．体育学刊，2003（4）：1-3.

24. 黄平波，安国彦，刘龙．学校体育异化现象审视［J］．体育文化导刊,2008(2):89-92,94.

25. 马卫平.体育与人:一种体育哲学[M].长沙:湖南师范大学出版社,2009.

26. 戴国斌.武术现代化的异化研究[J].体育与科学,2004,25(1):8-10,14.

27. 范洁.试述武术的功能、特性及推广[J].解放军体育学院学报,2005,24(1):79-82.

28. 何永成.话语西化进程中的中国武术[J].广东外语外贸大学学报,2008(1):65-68.

29. 王岗,邱丕相.中国武术:尴尬的境遇与发展的新策略[J].体育与科学,2006(4):26-29.

30. 王岗,邱丕相.以反求正与以正求正:论武术与奥林匹克运动的不可兼容[J].体育文化导刊,2006(7):16-20.

31. 刘祖辉.武术异化体系研究:"文化自觉"的视角[J].北京体育大学学报,2014,37(12):39-44,66.

32. 高守清.论民族传统体育的异化及理性规避[J].体育与科学,2011,32(1):83-85.

33. 李杰.武术与奥运会[J].体育文史,2000(5):8-9.

34. 周伟良.中国武术史[M].北京:高等教育出版社,2003.

35. 李守培,郭玉成.文化安全视域下的武术标准化问题及对策[J].上海体育学院学报,2015,39(5):77-82.

36. 周伟良.论当代中华武术的文化迷失与重构:以全球化趋势下的国家文化安全为视角[J].首都体育学院学报,2007(1):4-17.

37. 余德军.太极拳功能异化探究[J].武术研究,2019,4(4):15-17,23.

38. 黄聚云.体育强国建设中的文化安全命题[J].上海体育学院

学报，2012，36（3）：7-13.

39. 洪浩．竞技武术的概念界定与本质新论［J］．体育学刊，2005（5）：53-55.

40. 王岗，赵岷，吴永宏．传统武术和竞技武术的文化差异［J］．体育文史，2000（3）：7-9.

41. 吴科锦，李鹤．近代武术的演进及其民族性分析［J］．武术研究，2020，5（9）：7-9.

42. 许宗祥．武术高等教育发展研究［M］．广州：广东教育出版社，2006.

43. 孙维国，辛治国．我国制度建设大背景下的传统武术发展［J］．搏击（武术科学），2014，11（10）：16-18.

44. 周小青，杜俊凯，张冬琴，等．武举制度对武术的影响研究［J］．体育文化导刊，2019（1）：60-64.

45. 李娜．清代武举制度对武术的影响［D］．太原：山西大学，2012.

46. 周小青，杜俊凯，张冬琴，等．文化、制度与功能：武举制度的嬗变及其对武术的影响［J］．北京体育大学学报，2019，42（1）：70-77.

47. 李印东，李军．从"土洋体育之争"的历史文化背景谈西方体育对武术的影响［J］．北京体育大学学报，2010，33（4）：6-10，30.

48. 李义君，尹碧昌．"土洋体育之争"的回顾与启示［J］．体育学刊，2015，22（5）：17-21.

49. 国家体委武术研究院．中国武术史［M］．北京：人民体育出版社，1996.

50. 李佳瑾．武术服装改革之思考：以胡服骑射为视角［J］．搏击（武术科学），2013，10（1）：10-12，15.

附　录

附录一　中国武术与日本武道现代化发展评价指标列表

一级指标	二级指标	三级指标
普及	保障条件	项目活动经费占体育活动经费的比重
		具有项目指导能力的社会体育指导员人数占社会体育指导员人数的比例
	普及程度	社会群众性组织的数量
		项目人口占体育人口的比重
		青少年俱乐部的数量
教育	师资状况	教师与学生的比例
		教师中具有高级职称的教师的比例
		教师的学历结构
		教师对现代化辅助教学器械的应用频数
	课程与课外活动	项目教学内容在学校体育教学内容中所占的比例
		学生社团数量
	经费设施	项目教学与活动的经费投入占体育教学经费投入的比例
		场馆设施的达标率
		教学器械的种类和数量

续表

一级指标	二级指标	三级指标
竞技	竞赛	国内具有段位的人数
		段位晋升人数年增长率
		进入奥运会
		一级以上运动员人数
		举办国际赛事场次
	训练	国际裁判员人数占项目裁判员人数的比例
		高级教练员人数占项目教练员人数的比例
		项目训练经费投入占体育训练经费投入的比例
		教练员中接受了高等教育的教练员的比例
产业	产值	项目总产值占GDSP的比例
		项目总产值平均增长速度
	消费产业结构	年人均项目消费与体育消费的比例
		健身业用品业总产值占项目总产值的比例
		表演业信息业总产值占项目总产值的比例
		非财政投入占项目系统总收入的比例
	人力资源	项目系统就业总人数
信息	传播资源	各类网站数量
		报刊种类数量
		各电视台该类节目播出时间占体育类节目播出时间的平均百分比
		各体育类广播电台该类节目的从业人数
		馆校的数量
	传播效果	国际性竞赛国数量占会员国数量的比例
		音像制品的发行量
		全球习练人数

续表

一级指标	二级指标	三级指标
信息	传播效果	赛事的观众数量
		各类网站的点击率
		电视台该类节目的收视率
		报刊的发行量
管理	管理体制	行政与社会管理体系的完善程度
		管理制度的完善程度
	管理队伍	管理队伍中拥有本科以上学历的人数比例
	管理手段	管理手段的网络化程度
		管理机构与组织拥有专门网站的数量
文化	文化意识	民族的传统武德意识
		国民的文化意识
	文化行为	武礼的推广和采用
		赛场的文明程度
科技	科技队伍	进行科学研究的人数
		科技人员中具有高级职称的人员的比例

附录二 访谈提纲

1. 剑道在日本国内的普及程度

(1) 日本国内社会群众剑道组织数量（可采用社会指导站对剑道的覆盖率等可考察的数值）。

(2) 日本国内剑道习练人数（可采用剑道人口与体育人口的百分比数值）。

(3) 日本国内具有段位的剑道人口数量。

2. 剑道管理制度的完善程度

(1) 日本政府方面的剑道管理制度（完善程度，可按百分比进行打分），它们的优势或者劣势是什么？

(2) 日本社会方面的剑道管理制度（完善程度，可按百分比进行打分）。

3. 剑道赛事

日本国内举办国际权威剑道赛事场次（尽量以国际剑道世界杯赛事为例）。

4. 传播资源

国际性剑道参赛地区（队伍）的数量（尽量以国际剑道世界杯赛事为例）。

5. 传播效果

(1) 全球剑道习练人数。

(2) 剑道赛事的观众数量（尽量以国际剑道世界杯赛事为例）。

附录三　访谈专家明细

1. 香田郡秀，男，日本筑波大学人类社会科学体育科学学群教师，教授，研究领域为剑道教练学，为全日本剑道联盟常任委员，是世界剑道锦标赛常任高级裁判员与裁判长，对剑道的发展、传播做出重要贡献。

2. 佐藤成明，男，日本筑波大学人类社会科学体育科学学群退休教师，教授，研究领域为武道学，对武道有着深刻的见解。

3. 大石纯子，女，日本筑波大学人类社会科学体育科学学群教师，副教授，研究领域为武道的传播与发展，为本研究的研究方法提供建议。

4. 钱源泽，男，江苏南京人，自幼习武，师从多位名师，曾多次参加全国及省市级武术比赛获优异成绩。自1970年开始，担任过江苏省武术队教练组长、总教练、领队，培养出了一大批优秀武术运动员。1985年被国家体委授予"新中国体育开拓者"荣誉，1995年被评为"中国十大武术教练"。曾参与《全国武术训练教材》《中国武术百科全书》等书及武术训练大纲、竞赛规则的编撰工作。

5. 杨敢峰，男，中国苏州大学体育学院武术与民族传统体育专业教师，副教授，研究领域为武术与武道的比较，对中国武术与日本武道有着独特的见解，为本研究提供了宝贵的经验。

附录四　武术套路竞赛规则与裁判法（节选）*

武术套路竞赛规则（节选）

第一章　裁判员

第一条　裁判员组成

1. 执行裁判员

1.1　总裁判长 1 人，副总裁判长 1—2 人。

1.2　有难度项目：裁判长 1 人，A 组评分裁判员 3 人，B 组评分裁判员 5 人，C 组评分裁判员 3 人，套路检查员 1 人，共 13 人组成。

1.3　无难度项目、对练、集体项目：裁判长 1 人，A 组评分裁判员 3 人，B 组评分裁判员 5 人，套路检查员 1 人，共 10 人组成。

1.4　编排记录长 1 人。

1.5　检录长 1 人。

2. 辅助裁判员

2.1　编排记录员 3—5 人。

2.2　检录员 3—6 人。

2.3　计时员 1—2 人。

---

* 国际武术联合会 2019 年审定。

2.4 计分员2—3人。

2.5 宣告员1—2人。

2.6 放音员1—2人。

2.7 仲裁摄像员2—4人。

2.8 电子计分系统人员2—4人。

第二条　裁判员职责

1. 总裁判长

1.1 组织领导裁判工作,保证规则和规程的执行。

1.2 解释规则和规程,但无权修改规则和规程。

1.3 在比赛过程中,根据比赛需要可调动裁判员工作;裁判员发生严重错误时,有权处理。

1.4 对运动员或教练员在赛场上无理纠缠,有权给予警告;对不听劝告者,有权建议国际武术联合会技术委员会严肃处理,直到取消比赛成绩。

1.5 审核并宣布比赛成绩,做好裁判工作总结。

2. 副总裁判长

2.1 协助总裁判长工作。

2.2 在总裁判长缺席时,由一名副总裁判长代行其职责。

3. 裁判长

3.1 组织裁判培训,实施裁判工作。

3.2 执行对运动员套路完成时间不足或超出规定,以及编排的扣分,执行对运动员完成创新难度的加分。

3.3 评分裁判员发生严重的评判错误时,可向总裁判长建议给予相应的处理。

4. 评分裁判员

4.1 参加裁判培训,做好准备工作。

4.2 执行规则，独立评分，并做详细记录。

4.3 A组评分裁判员执行运动员整套动作质量的评分。

4.4 B组评分裁判员执行运动员整套演练水平的评分。

4.5 C组评分裁判员执行运动员整套难度的评分。

5. 套路检查员

5.1 熟练掌握规则、规程和规定套路。

5.2 执行对运动员演练的套路与编排要求一致性的检查。

6. 编排记录长

6.1 负责编排记录工作，确保竞赛数据的准确性。

6.2 组织审核报名数据，编排秩序册。

6.3 组织抽签，确定运动员比赛顺序。

6.4 准备竞赛表格，审核比赛成绩，排列名次。

6.5 组织电子计分系统人员做好工作准备和临场操作。

6.6 根据要求编排成绩册。

7. 检录长

7.1 组织安排检录工作，确保比赛按时进行。

7.2 组织参加颁奖仪式运动员的检录工作。

8. 编排记录员

8.1 根据编排记录长分配的任务进行工作。

9. 检录员

9.1 根据检录长分配的任务进行工作。

10. 计时员

10.1 记录运动员完成整个套路的时间。

11. 计分员

11.1 记录每位裁判员的评判结果，核算最后得分。

12. 宣告员

12.1 介绍规程、规则和武术套路运动知识，及时做好临场宣告。

13. 放音员

13.1 维护音、视频播放设备，确保设备正常运行。

13.2 收集、备份运动员（队）的比赛音乐，为运动员（队）播放比赛音乐。

14. 仲裁摄像员

14.1 对全部竞赛项目进行现场不间断摄像。

14.2 管理全部录像，存档保留。

第二章　仲裁委员会

第三条　仲裁委员会组成

由主任、副主任、委员共3人、5人或7人组成。

第四条　仲裁委员会职责

1. 接受运动队的申诉，并及时做出裁决。

2. 仲裁人员不参加与本人所在会员协会有牵连问题的讨论与表决。

3. 表决投票相同时，仲裁委员会主任有最终决定权。

4. 仲裁委员会的裁决为最终裁决。

第三章　竞赛通则

第五条　竞赛类型

1. 按形式分类

1.1 个人赛。

1.2 团体赛。

1.3 个人及团体赛。

2. 按年龄分类

2.1 成年赛。

2.2 青少年赛。

2.3 儿童赛。

第六条 竞赛项目

1. 自选项目

1.1 自选拳术：长拳、南拳、太极拳。

1.2 自选器械：剑术、刀术、南刀、太极剑、枪术、棍术、南棍。

2. 规定项目

2.1 规定拳术。

2.2 规定器械。

3. 对练

3.1 徒手对练、器械对练、徒手与器械对练。

4. 集体项目

第七条 竞赛年龄分组

1. 成年组：18 岁（含 18 岁）以上。

2. 青年组：15 岁至 17 岁。

3. 少年组：12 岁至 14 岁。

4. 儿童组：11 岁（含 11 岁）以下。

第八条 确定比赛顺序

在仲裁委员会和总裁判长的监督下，抽签确定比赛顺序。比赛如有预、决赛，决赛的比赛顺序，按运动员预赛名次由低到高确定。如预赛排名相同，则抽签确定比赛顺序。

第九条 检录

第一次检录时间为赛前 30 分钟，第二次检录时间为赛前 20 分钟，最后一次检录时间为赛前 10 分钟。

第十条 礼仪

运动员听到上场点名、完成比赛套路及现场成绩宣告时，应向裁判长行抱拳礼。

第十一条 计时

运动员由静止姿势开始动作，计时开始；运动员在完成全套动作后并步直立，计时结束。

第十二条 示分

运动员的比赛结果，公开示分。

第十三条 弃权

运动员不按时参加检录与比赛，按弃权论处。

第十四条 申诉

1. 内容与范围

1.1 内容

裁判员对运动员难度、套路编排和套路完成时间的评判。

1.2 范围

仅限于教练或领队对本队运动员的比赛结果。

2. 程序及要求

2.1 程序

运动队如果对本队运动员的评判结果有异议，必须在该运动员比赛结束后15分钟内，由该队领队或教练向仲裁委员会以书面形式提出申诉，同时缴付200美元申诉费。

2.2 要求

参赛队在整个比赛中总共有两次申诉的机会，一次申诉仅限一项内容。

3. 处理

3.1 仲裁委员会根据申诉内容立刻复议并做出仲裁结论，仲裁委员会的裁决为最终裁决。

3.2　参加复议的仲裁人员必须超过半数，表决时超过半数以上人员做出的决定才有效。如申诉理由成立，改变裁判结果，退回申诉费；如申诉理由不成立，则维持原判，不退申诉费。

3.3　各队必须服从仲裁委员会的最终裁决，如果因不服裁决而无理纠缠，将视情节轻重，按照国际武术联合会的有关规定进行严肃处理。

3.4　仲裁结果应及时报赛事组织委员会备案，同时书面通知提出申诉的运动队。

第十五条　创新难度申报

1. 创新原则

必须符合武术运动的本质属性和运动规律，必须是自选项目"动作难度内容、等级、分值与编码表"中未出现的 B 级（含 B 级）以上的动作难度。跳跃、跌扑类创新动作难度必须含连接难度。

2. 申报程序

每次比赛每个套路限报一个创新动作难度（含连接难度）。申报协会必须以书面形式配以技术图解和本人演练的视频片段，在赛前 50 天报至国际武术联合会技术委员会（以到达邮戳为准）。

3. 鉴定机构

由国际武术联合会技术委员会聘请有关专家 5 人至 7 人组成"武术套路创新技术鉴定委员会"，负责难度鉴定工作。

4. 鉴定程序

武术套路创新技术鉴定委员会依据创新原则鉴定后（须三分之二以上的委员投票通过），确定创新动作难度的命名、等级、加分分值、动作错误内容及扣分标准与编码，并及时通知申报协会。赛前还应以书面形式通知仲裁委员会和裁判员。

第十六条　兴奋剂检测

根据《奥林匹克宪章》的规定和国际奥林匹克委员会的有关要求，进行兴奋剂检测。

第十七条　名次评定

1. 个人单项（含对练）名次

按比赛成绩高低排列名次，得分最高者为第一名，次高者为第二名，依次类推。

2. 个人全能名次

按各单项成绩总和的高低排列名次，得分最高者为第一名，次高者为第二名，依次类推。

3. 集体项目名次

按比赛成绩高低排列名次，得分最高者为第一名，次高者为第二名，依次类推。

4. 团体名次

根据规程关于团体名次的确定办法进行评定。

5. 得分相同的处理

5.1　有难度项目得分相同时的处理得分相同时，按以下顺序评定：

- 难度应得分高者列前。
- 完成难度（包括动作难度和连接难度）等级高者列前。
- 完成高等级难度（包括动作难度和连接难度）数量多者列前。
- 演练水平应得分高者列前。
- 演练水平分中的低无效分高者列前。
- 如仍相同，名次并列。
- 比赛如有预赛和决赛，决赛名次相同时，按预赛名次前者列前。

5.2　无难度项目、对练和集体项目得分相同时的处理得分相同时，按以下顺序评定：

- 演练水平应得分高者列前。
- 演练水平分中的低无效分高者列前。
- 如仍相同，名次并列。
- 比赛如有预赛和决赛，决赛名次相同时，按预赛名次前者列前。

5.3 个人全能得分相同时的处理得分相同时，按以下顺序评定：
- 单项第一名多者列前。
- 单项第二名多者列前，依次类推。
- 如所有单项名次和数量均相同，名次并列。

5.4 团体总分相同时的处理得分相同时，按以下顺序评定：
- 全队获单项第一名多者列前。
- 全队获单项第二名多者列前，依次类推。
- 如全队获得单项名次和数量均相同，名次并列。

第十八条 套路完成时间

1. 长拳、南拳、剑术、刀术、枪术、棍术、南刀、南棍套路：成年不少于1分20秒；青少年（含儿童）不少于1分10秒。

2. 太极拳、太极剑自选套路和太极剑规定套路：为3~4分钟；太极拳规定套路：为5~6分钟。

3. 对练套路：不少于50秒。

4. 集体项目：为3分钟至4分钟。

第十九条 比赛服装

1. 裁判员统一着装，佩戴裁判员技术等级胸牌。

2. 运动员穿武术比赛服装，佩戴号码布。

第二十条 比赛设备与器械

1. 比赛设备

1.1 使用符合国际武术联合会技术标准与要求的比赛设备。

2. 比赛器械

2.1 使用国际武术联合会认证的比赛器械。

2.2 比赛器械要求

2.2.1 刀/剑：左手持剑或抱刀，剑尖或刀尖不低于运动员本人耳上端，刀彩自然下垂的长度不短于30厘米。

2.2.2 南刀刀尖在运动员左手抱刀时不低于本人下颌骨。

2.2.3 棍、南棍：长度不短于运动员本人身高。

2.2.4 枪的长度不短于运动员本人并步直立直臂上举时从脚底至中指尖的长度，枪缨长度不短于20厘米且不得太稀疏。

第二十一条 比赛音乐

1. 规程要求配乐的项目必须在音乐伴奏下进行比赛，音乐自备。

第二十二条 比赛场地

1. 使用国际武术联合会认证的比赛场地。

2. 个人项目的比赛场地为长14米、宽8米，其周围至少有2米宽的安全区。

3. 集体项目的比赛场地为长16米、宽14米，其周围至少有1米宽的安全区。

4. 比赛场地四周内沿应标明5厘米宽的白色边线。

5. 比赛场地上方无障碍空间高度不低于8米。

6. 相邻两个比赛场地之间的距离不少于6米。

7. 比赛场地可高出地面0.6~1米。

8. 比赛场地内的灯光照度应符合高清电视转播要求，通常不低于1 000勒克斯。

第四章 评分方法与标准

第二十三条 有难度项目的评分方法与标准

1. 评分方法

1.1 各项目比赛的满分为 10.00 分（不含创新难度加分），其中动作质量的分值为 5.00 分、演练水平的分值为 3.00 分、难度的分值为 2.00 分（包括动作难度分值 1.40 分和连接难度分值 0.60 分）。

1.2 A 组评分裁判员根据运动员演练时出现的动作错误和其他错误进行扣分。

1.3 B 组评分裁判员根据运动员整套动作的演练评定等级分。

1.4 C 组评分裁判员根据运动员现场难度的完成情况进行评定。

1.5 套路检查员对运动员演练的套路与编排要求的一致性进行检查。

2. 评分标准

2.1 动作质量

动作与规格要求不符，每出现一次扣 0.10 分；其他错误每出现一次扣 0.10~0.30 分。

2.2 演练水平

演练水平等级分的评分标准：按劲力、协调、节奏、编排、风格、配乐的评分标准分为 3 档 9 级，其中 2.51~3.00 分为好，1.91~2.50 分为一般，1.01~1.90 分为不好。

2.3 难度

2.3.1 动作难度

完成一个 A 级动作难度计 0.20 分，完成一个 B 级动作难度计 0.30 分，完成一个 C 级动作难度计 0.40 分。动作难度的累计分如超过 1.40 分，按 1.40 分计算。

每个动作难度的分值只计算一次。做降分处理的动作难度,只能编排在最后一个(或一组)难度中。动作难度不符合要求,不计算动作难度分。

2.3.2 连接难度

完成一个 A 级连接难度计 0.10 分,完成一个 B 级连接难度计 0.15 分,完成一个 C 级连接难度计 0.20 分,完成一个 D 级连接难度计 0.25 分。连接难度的累计分如超过 0.60 分,按 0.60 分计算。

每个连接难度的分值只计算一次。做降分处理的连接难度,只能编排在最后一组难度中。连接难度不符合要求,不计算连接难度分。

2.3.3 创新难度

完成一个创新的 B 级动作难度(含连接难度)加 0.10 分,完成一个创新的 C 级动作难度(含连接难度)加 0.15 分,完成一个创新的超 C 级动作难度(含连接难度)加 0.20 分。

比赛中没有完成创新难度,不予加分。

2.3.4 有难度项目套路难度分值按比赛套路的实际难度分值计算。

2.4 编排

套路与编排要求不符,每出现一次扣 0.10~0.20 分。

第二十四条 无难度项目(含对练和集体项目)评分方法与标准

1. 评分方法

1.1 各项目比赛的满分为 10.00 分,其中动作质量的分值为 5.00 分、演练水平的分值为 5.00 分。

1.2 A 组评分裁判员根据运动员演练时出现的动作错误和其他错误进行扣分。

1.3 B 组评分裁判员根据运动员整套动作的演练评定等级分。

1.4 套路检查员对运动员(队)演练的套路与编排要求的一致性进行检查。

2. 评分标准

2.1 动作质量

动作与规格要求不符,每出现一次扣 0.10 分;其他错误每出现一次扣 0.10~0.30 分。

2.2 演练水平

演练水平等级分的评分标准:按劲力、协调、节奏、风格、配乐的评分标准分为 3 档 9 级,其中 4.21~5.00 分为好、3.01~4.20 分为一般、1.51~3.00 分为不好。

2.3 编排

套路与编排要求不符,每出现一次扣 0.10~0.20 分。

第二十五条　对所示分数的要求

B 组评分裁判员所示分数精确到小数点后两位数;演练最终得分精确到小数点后三位数,小数点三位数之后的数字无效。

第二十六条　应得分的确定

1. 有难度项目运动员应得分的确定

动作质量应得分、演练水平应得分和难度应得分之和,即为运动员的应得分。

1.1 动作质量应得分的确定

A 组 3 名评分裁判员中至少 2 名对运动员演练时出现的不符合规格要求的动作或其他错误内容同时确认时,按照其扣分标准进行扣分,累计所扣分数为动作质量应扣分。动作质量分值减去动作质量应扣分,为动作质量应得分。

1.2 演练水平应得分的确定

B 组 5 名评分裁判员对运动员整套动作的演练评定等级分,中间三个分数的平均值为演练水平应得分。演练水平应得分取到小数点后三位数,小数点三位数之后的数字无效。

1.3 难度应得分的确定

C组3名评分裁判员中至少2名对运动员完成的动作难度或连接难度同时确认时,按照其难度分值进行加分,累计所加分数为难度应得分。

2. 无难度项目、对练和集体项目运动员应得分的确定

动作质量应得分和演练水平应得分之和,即为运动员(队)的应得分。

2.1 动作质量应得分的确定

A组3名评分裁判员中至少2名对运动员(队)演练时出现的不符合规格要求的动作或其他错误内容同时确认时,按照其扣分标准进行扣分,累计所扣分数为动作质量应扣分。

动作质量分值减去动作质量应扣分,为动作质量应得分。

2.2 演练水平应得分的确定

B组5名评分裁判员对运动员(队)整套动作的演练评定等级分,中间三个分数的平均值为演练水平应得分。演练水平应得分取到小数点后三位数,小数点三位数之后的数字无效。

第二十七条 裁判长的扣分与加分

1. 裁判长的扣分

1.1 完成套路时间不足或超出规定的扣分

1.1.1 长拳、南拳、剑术、刀术、枪术、棍术、南刀、南棍、对练

运动员演练套路不足规定时间在2秒以内(含2秒)扣0.10分,在2秒以上至4秒以内(含4秒)扣0.20分,依次类推。

1.1.2 太极拳、太极剑和集体项目

运动员(队)演练套路不足或超出规定时间在5秒以内(含5秒)扣0.10分,在5秒以上至10秒以内(含10秒)扣0.20分,依次

类推。

1.2 编排的扣分

套路与编排要求不符，按照编排的扣分标准予以扣分。

2. 创新难度的加分

运动员在比赛中完成了申报的创新难度，按照创新难度加分标准予以加分。

3. 重做的处理

由于某种不可预见的客观原因（诸如场馆停电、电子计分系统故障等），致使比赛开始后暂时中断或运动员无法继续演练比赛套路时，视具体情况，经裁判长允许后可重做一次，不予扣分。重做也可安排在该项最后一名上场。

第二十八条 最后得分的确定

1. 有难度项目

裁判长从运动员的应得分中减去"裁判长的扣分"，加上"创新难度的加分"，为运动员的最后得分。

2. 无难度项目、对练和集体项目

裁判长从运动员（队）的应得分中减去"裁判长的扣分"，为运动员（队）的最后得分。

第五章　自选套路内容的规定

第二十九条　自选套路内容规定的范围

自选套路规定的内容不包括难度动作和连接动作。

第三十条　长拳、刀术、剑术、枪术、棍术自选套路内容的规定

1. 长拳：至少包括拳、掌、勾三种手型，三种拳法，两种掌法，一种进攻性肘法，弓步、马步、仆步、虚步、歇步五种步型，直摆、屈伸、扫转三种腿法，一种持久性平衡。

2. 剑术：至少包括刺剑、挂剑、撩剑、点剑、劈剑、崩剑、截剑、剪腕花八种剑法（其中必须有完整的左右挂剑接背后穿挂剑），弓步、仆步、虚步三种步型，一种持久性平衡。

3. 刀术：至少包括缠头、裹脑、劈刀、扎刀、斩刀、挂刀、云刀、背花刀八种刀法（其中必须有完整的缠头、裹脑），弓步、仆步、虚步三种步型。

4. 枪术：至少包括拦枪、拿枪、扎枪、穿枪、崩枪、点枪、舞花枪、挑把八种枪法（其中必须有连续3个一次性完成的拦、拿、扎枪），弓步、仆步、虚步三种步型。

5. 棍术：至少包括平抡棍、劈棍、云棍、崩棍、绞棍、戳棍、舞花棍、提撩花棍八种棍法（其中必须有连续3个一次性完成的双手提撩花棍），弓步、仆步、虚步三种步型。

第三十一条 南拳、南刀、南棍自选套路内容的规定

1. 南拳：至少包括虎爪一种手型，挂盖拳、抛拳两种拳法，滚桥一种桥法，弓步、马步、仆步、虚步、蝶步、骑龙步六种步型，麒麟步一种步法，横钉腿一种腿法。

2. 南刀：至少包括缠头、裹脑、劈刀、抹刀、格刀、截刀、扫刀、剪腕花刀八种刀法，弓步、马步、虚步、骑龙步四种步型。

3. 南棍：至少包括劈棍、崩棍、绞棍、滚压棍、格棍、击棍、顶棍、抛棍八种棍法，弓步、马步、虚步、骑龙步四种步型。

第三十二条 太极拳、太极剑自选套路内容的规定

1. 太极拳：至少包括揽雀尾、左右野马分鬃、左右搂膝拗步、云手、左右穿梭、掩手肱捶、左右倒卷肱、搬拦捶八种动作，弓步、仆步、虚步三种步型，两种腿法。

2. 太极剑：至少包括刺剑、左右挂剑、撩剑、点剑、劈剑、截剑、抹剑、绞剑八种剑法，弓步、仆步、虚步三种步型。

第三十三条　对练套路内容的规定

1. 徒手对练：至少包括三种拳法、两种掌法、五种腿法和两种跌法。

2. 器械对练：至少包括六种器械方法、两种腿法和一种跌法。

3. 徒手与器械对练：至少包括三种拳法、四种器械方法和两种跌法。

第三十四条　集体项目内容的规定

1. 内容：至少包括五种手法或器械方法、五种步型、四种不同类型的腿法和三种跳跃。

2. 队形：至少包括五种不同图案的队形变化。

第六章　比赛服装的款式及规格

第三十五条　长拳、刀术、剑术、枪术、棍术、对练项目比赛服装的款式及规格

1. 立领、短袖（长袖均为灯笼袖，袖口为紧口）上衣。男子的上衣为对襟有七对直襻，女子的上衣为半开对襟有三对直襻，周身有1厘米的边。

2. 灯笼裤，松紧腰，横、立裆要适宜。

3. 软腰巾或硬腰带。

第三十六条　南拳、南刀、南棍项目比赛服装的款式及规格

1. 无领、对襟上衣。男子的上衣为无袖，女子的上衣为短袖，均有七对直襻，周身有1厘米的边。

2. 灯笼裤，松紧腰，横、立裆要适宜。

3. 软腰巾或硬腰带。

第三十七条　太极拳、太极剑项目比赛服装的款式及规格

1. 立领、对襟、长袖上衣。上衣有七对直襻，灯笼袖，袖口为紧口。上衣底边位置不超过本人直臂下垂时中指指尖，周身有1厘米的边。

2. 灯笼裤，松紧腰，横、立裆要适宜。

第三十八条　信仰伊斯兰教女运动员的比赛服装要求

对于具有伊斯兰教信仰的女运动员，国际武术联合会允许这些运动员按照以下标准穿着伊斯兰式比赛服装。这些运动员必须穿着以下规定的伊斯兰式比赛服装，并且不得有选择性地单独穿戴其中一部分，包括以下内容：

● 短袖套圈下面的长袖上衣（适用于竞赛者需要穿短袖上衣的所有场合）。

● 头巾（适合所有活动）。

● 长袖上衣和头巾将是相同的颜色。

● 颜色应与套路服装的整体颜色或其允许的修剪颜色相同。如果出现任何由于伊斯兰式比赛服装干扰运动员的运动或表现，和/或缠绕和落地，那么相关的扣分将根据"国际武术套路比赛的裁判法"执行。

● 如果具有伊斯兰教信仰的运动员服装不符合上述规定，现场上诉委员会有权拒绝其参加此次活动。

第三十九条　其他

各款式比赛服装面料、颜色可任选，可在规定的服装款式上附加图案。

第七章　竞赛礼仪

第四十条　敬礼

1. 抱拳礼

并步站立，左掌右拳在胸前相抱，左指根线与右拳棱相齐，高与胸齐，拳、掌与胸部的距离为20~30厘米。

2. 抱刀礼

并步站立，左手抱刀，屈臂抬起使刀横于胸前，刀刃向上；右手成掌，掌心附于左手拇指第一指节上，高与胸齐，两手与胸部的距离为20~30厘米。

3. 持剑礼

并步站立，左手持剑，屈臂抬起使剑身贴前臂外侧斜横于胸前；右手成掌，掌外沿附于左手食指根节，高与胸齐，两手与胸部的距离为20~30厘米。

4. 持枪（棍）礼

并步站立，右手持枪（棍）靠把端约三分之一处，屈臂置于胸前，枪（棍）身直立；左手成掌，掌外沿附于右手拇指第二指节上，两手与胸部的距离为20~30厘米。

5. 持双器械礼

运动员若持双器械，应将器械交一手持握，行抱刀礼或持剑礼、持枪（棍）礼；若不能一手持握器械，则应两手持械面向裁判长立正行注目礼。

第四十一条 其他礼节

当检录员检查器械或裁判长要求检查器械时，若是短器械，运动员应将器械尖朝下，竖直递上；若是长器械，运动员则应将器械梢（尖）朝上，竖直递上。

其他器械参照以上各种礼仪执行。

第八章　比赛场地布局与临场裁判员座席

第四十二条　比赛场地布局

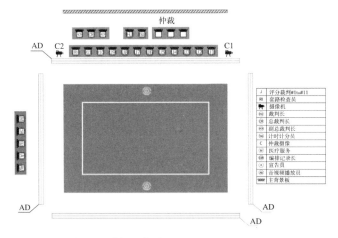

第四十三条　临场裁判员座席

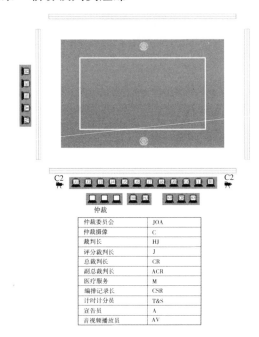

仲裁委员会	JOA
仲裁摄像	C
裁判长	HJ
评分裁判长	J
总裁判长	CR
副总裁判长	ACR
医疗服务	M
编排记录长	CSR
计时计分员	T&S
宣告员	A
音视频播放员	AV

1. 临场裁判员座位

1.1 J1—J12 为评分裁判员和套路检查员座位，裁判员之间间隔 50 厘米。J1、J5、J9 为 A 组评分裁判员座位，J2、J4、J6、J8、J10 为 B 组评分裁判员座位，J3、J7、J11 为 C 组评分裁判员座位，J12 为套路检查员座位。

1.2 HJ 为裁判长座位，T&S 为电子计分系统人员座位。

1.3 CR 为总裁判长座位，ACR 为副总裁判长座位。

1.4 进行对练、集体项目、自选项目和规定项目的比赛时，评分裁判员由 8 人组成，根据需要设套路检查员 1 人，裁判员之间间隔 50 厘米。J1、J3、J5、J7、J9 为 B 组评分裁判员座位，J2、J4、J6 为 A 组评分裁判员座位，J8 为套路检查员座位。无电子计分系统时，裁判长座位两侧分别为计时员座位和计分员座位。

2. 裁判台

2.1 一块竞赛场地

裁判台分前后两排布局，两排前后相距 120 厘米至 150 厘米，后排高出前排 40 厘米。

2.2 两块（多块）竞赛场地

仲裁组将列座于两块（多块）竞赛场地之间。

武术套路竞赛裁判法（节选）

第一章 职责的履行

第一节 裁判员

1. 执行裁判员

1.1 总裁判长

1.1.1 全面负责裁判工作。

1.1.2 制订裁判员赛前学习计划，组织业务学习和评判演练，解释规程和规则。

1.1.3 检查比赛场地、竞赛器材、裁判用具、竞赛表格、电子计分系统。

1.1.4 参加技术会议，通报比赛注意事项，解答运动队提出的技术性问题。监督抽签全过程。

1.1.5 负责宣告员、放音员、仲裁摄像员的业务指导。

1.1.6 赛前一天，组织全体裁判员，包括电子计分系统人员、宣告员、放音员、仲裁摄像员参加模拟比赛演练。

1.1.7 每场比赛开始30分钟前组织预备会，结束后对本场比赛的执裁情况进行小结。

1.1.8 在比赛过程中，根据比赛需要可调动裁判员工作。裁判员发生严重错误时，要及时处理。

1.1.9 审核比赛成绩。

1.2 副总裁判长

1.2.1 在总裁判长的领导下开展工作。

1.2.2 按照总裁判长的安排，协助总裁判长落实各项工作。

1.3 裁判长

1.3.1 在总裁判长的领导下开展工作。

1.3.2 带领裁判员学习业务，参加模拟比赛演练。

1.3.3 负责审核难度及规定内容申报表。

1.3.4 组织实施裁判工作，并根据套路检查员提示，对运动员编排错误内容给予判定并做出相应处理。

1.3.5 执行对运动员套路完成时间不足或超出规定，以及编排的扣分，执行对运动员完成创新难度的加分。

1.3.6 评分裁判员发生严重评判错误时，可向总裁判长建议给予相应的处理。

1.4 评分裁判员

1.4.1 服从裁判长的领导，参加业务学习和模拟比赛演练，做好赛前准备工作。

1.4.2 执行规则和规程，根据运动员临场表现独立进行评分，并做详细的评判记录。

1.4.3 A组评分裁判员参加运动员整套动作质量的评分。

1.4.4 B组评分裁判员参加运动员整套演练水平的评分。

1.4.5 C组评分裁判员参加运动员整套难度的评分。

1.5 套路检查员

1.5.1 服从裁判长的领导，熟练掌握自选项目、对练和集体项目的规定内容及规定项目所有套路，参加模拟比赛演练，做好赛前准备工作。

1.5.2 执行规则和规程，检查运动员临场整套演练的内容，并做详细的检查记录。

1.5.3 发现运动员演练的套路与编排要求不符，及时报告裁判长。

1.6 编排记录长

1.6.1 全面负责编排记录工作，根据需要确定岗位，分配工作。

1.6.2 组织编排记录员学习规则、规程。

1.6.3 组织审核报名表、难度及规定内容申报表。

1.6.4 负责编排训练日程和竞赛日程，编制秩序册，准备竞赛表格。

1.6.5 检查验收编排用具及有关奖品。

1.6.6 参加技术会议，组织抽签，排定各项目运动员比赛顺序。

1.6.7 组织编排记录员参加模拟比赛演练。

1.6.8 每场比赛开始45分钟前到达场馆，做好各项准备工作。

1.6.9 及时将检录最终结果准确送达总裁判长、电子计分系统人员和宣告员。

1.6.10 审核比赛成绩及排列名次。

1.6.11 编排、印发成绩册。

1.7 检录长

1.7.1 全面负责检录工作,根据需要确定岗位,分配工作。

1.7.2 组织检录员学习规则、规程。

1.7.3 检查验收检录用具的规格和数量。

1.7.4 配合竞赛组织设计运动员进、退场流线,设立检录处。

1.7.5 组织检录员参加模拟比赛联合演练。

1.7.6 每场比赛开始45分钟前到达场馆,做好各项准备工作。

1.7.7 确保运动员的比赛器械和比赛服装符合规则要求。

1.7.8 将检录最终结果及时书面通知编排记录长。

2. 辅助裁判员

2.1 编排记录员

2.1.1 按照编排记录长的安排开展工作。

2.1.2 学习规则、规程,参加模拟比赛演练。

2.1.3 按规程要求审查报名表,包括报名人数和运动员姓名、出生日期、报项,并做好统计。

2.1.4 编排训练日程和竞赛日程,编制秩序册。

2.1.5 审核难度及规定内容申报表。

2.1.6 抽签后印发各项目运动员比赛顺序表并及时送达各参赛队伍。

2.1.7 准备比赛所需的各类竞赛表格。

2.1.8 设立成绩公告栏,及时张贴各项目比赛成绩公告。

2.1.9 打印证书并及时发放。

2.1.10 颁奖仪式开始前，及时将领奖运动员名单送达检录长、宣告员和颁奖仪式人员。

2.1.11 编制、印发成绩册。

2.2 检录员

2.2.1 按照检录长的安排开展工作。

2.2.2 学习规则、规程及有关竞赛规定，参加模拟比赛演练。

2.2.3 按照运动员比赛顺序，于赛前30分钟进行第一次检录，赛前20分钟进行第二次检录，赛前10分钟进行最后一次检录。检录时，要核对运动员信息，并确认运动员的比赛器械和比赛服装符合规则要求。

2.2.4 本项目比赛开始5分钟前，将运动员集中到运动员指定候场区域。

2.2.5 引导运动员入场，向裁判长行抱拳礼后递交检录确认后的比赛顺序表和评分记录总表。

2.2.6 运动员入场比赛前，核实运动员身份卡，查验比赛服装和比赛器械。

2.2.7 引导运动员进场比赛和赛后退场。

2.2.8 颁奖仪式开始前，对领奖运动员（队）进行检录。

2.3 计时员

2.3.1 学习规则、规程及有关竞赛规定，参加模拟比赛演练。

2.3.2 准确记录运动员完成整个套路的时间，并及时报告裁判长。

2.4 计分员

2.4.1 学习规则、规程及有关竞赛规定，参加模拟比赛演练。

2.4.2 准确记录每位裁判员的评判结果并进行统计，计算出运动员的动作质量应得分、演练水平应得分、难度应得分和最后得分，并及时报告裁判长。

2.5 宣告员

2.5.1 熟悉本次比赛的规程、规则、项目特点、武术套路运动的知识，以及观赛注意事项和有关宣传材料。

2.5.2 熟悉运动员、裁判员、仲裁委员会人员的相关信息。

2.5.3 参加模拟比赛演练。

2.5.4 每场赛前1小时到场，介绍本次比赛情况和武术套路运动的知识，以及本场比赛项目的特点等，宣告"观众观赛须知"。

2.5.5 宣告比赛开始。介绍仲裁委员会和临场裁判员。

2.5.6 宣告每名运动员比赛的最后得分。

2.5.7 宣读组委会通知。如遇突发事件，按应急预案及时播报。

2.5.8 主持颁奖仪式。

2.6 放音员

2.6.1 准备礼仪曲目及音像宣传材料。

2.6.2 在运动队训练时为运动员播放音乐并做好电脑备份。

2.6.3 参加模拟比赛演练。

2.6.4 每场赛前1小时到场，播放音像宣传材料。

2.6.5 配合比赛进程和颁奖仪式，播放礼仪曲目。

2.6.6 配乐项目比赛时，播放比赛音乐。

2.7 仲裁摄像员

2.7.1 检查摄、录像器材，确保工作正常进行。

2.7.2 参加模拟比赛演练。

2.7.3 对每名运动员整个比赛套路进行不间断录像，确保影像完整、清晰。

2.7.4 根据工作需要，负责播放相关录像。

2.7.5 赛后须经仲裁委员会主任同意后方能离开赛场。

2.7.6 妥善保管整个比赛的全部录像，赛后交到国际武术联合会技术委员会存档。

第二节 仲裁委员会人员

1. 主任

1.1 主持仲裁委员会的工作。

1.2 检查相关仲裁设备。

1.3 参加技术会议，说明有关申诉注意事项。

1.4 每名运动员的最后得分公示时开始计时，15 分钟后不受理任何申诉。

1.5 发放、接收申诉表，收取 200 美元的申诉费并开具收据。

1.6 组织对申诉的内容通过视频进行复议和表决，并将仲裁裁决结论及时通知申诉的运动队，并报赛事组织委员会备案。

1.7 如申诉理由成立，改判该运动员的最后得分，退回申诉费。

2. 成员

2.1 服从仲裁委员会主任的工作分配。

2.2 对申诉内容进行审议和表决。

第三节 其他人员

1. 电子计分系统人员

1.1 按规程要求按时开启和关闭在线报名系统，对各运动队的报名信息保密，不得泄露。

1.2 接收在线报名和难度及规定内容申报，统计参加人数和比赛项次。

1.3 完成难度及规定内容申报数据的录入工作。

1.4 提供各种竞赛表格。

1.5 参与技术会议并操作电脑抽签，协助编排记录长排定运动员的比赛顺序。

1.6 为裁判员赛前评分演练提供技术服务，参加模拟比赛联合演练。

1.7 比赛开始1小时前到场,维护整个比赛过程中电子计分系统的正常运行。

1.8 提供各项目成绩公告。

2. 礼仪人员

2.1 参加模拟颁奖仪式演练。

2.2 颁奖仪式开始前1小时到达比赛场馆。

第二章 评分方法与标准

第一节 动作质量的评分

1. 动作错误内容与扣分标准

1.1 长拳、剑术、刀术、枪术、棍术

1.1.1 长拳、剑术、刀术、枪术、棍术动作类别、名称、错误内容及编码(表1)。

表1 长拳、剑术、刀术、枪术、棍术动作类别、名称、错误内容及编码

类别	动作名称	错误内容	编码
手型	拳	◆拳面不平 ◆拇指未压在中指第二指节上	01
	掌	◆四指未伸直并拢 ◆拇指未弯曲紧扣于虎口处	02
	勾手	◆五指未捏拢 ◆腕未屈	03
	剑指	◆食指与中指未伸直并拢 ◆拇指未压在无名指与小指上	04

续表

类别	动作名称	错误内容	编码
平衡	搬脚朝天直立、侧踢抱脚直立	◆支撑腿弯曲 ◆上举腿弯曲	10
	后踢抱脚直立	◆支撑腿弯曲 ◆躯干前倾超过45°	11
	仰身平衡	◆前举腿低于水平	12
	十字平衡	◆躯干低于水平 ◆支撑腿弯曲	13
	扣腿平衡、盘腿平衡	◆支撑腿大腿未达水平	14
	侧身平衡、探海平衡	◆支撑腿弯曲 ◆后举腿弯曲	15
	望月平衡	◆躯干高于水平45° ◆未向支撑腿侧拧腰后视 ◆屈收腿脚面未绷平	16
腿法	前扫腿	◆支撑腿大腿高于水平 ◆扫转腿脚掌在扫转时触地后离地 ◆扫转腿弯曲超过45°	20
	后扫腿	◆扫转腿脚掌离地 ◆扫转腿弯曲超过45°	21
	跌竖叉	◆前脚内扣触地 ◆后腿弯曲超过45°	22
	弹腿、蹬腿、踹腿	◆弹（蹬、踹）腿由屈到伸摆动小于45°	23
	正踢腿、侧踢腿	◆膝关节弯曲 ◆支撑腿脚跟离地	24
	里合拍脚、摆莲拍脚、单拍脚	◆击响腿脚尖未过肩 ◆未击响	25

续表

类别	动作名称	错误内容	编码
腿法	提膝（独立）	◆提膝未过腰 ◆提起腿小腿未斜垂里扣 ◆提起腿脚未崩平内收	26
跳跃	腾空飞脚、腾空斜飞脚、腾空双飞脚、旋风脚、腾空摆莲	◆击响腿脚尖未过肩 ◆未击响	30
	腾空正踢腿	◆踢腿触及前额瞬间悬垂腿弯曲	31
	侧空翻、侧空翻转体360°	◆空中腿弯曲超过45°	32
	旋子、旋子转体	◆转体时躯干高于水平45° ◆空中腿弯曲超过45°	33
	腾空箭弹、腾空蹬腿	◆弹（蹬）腿由屈到伸摆动小于45° ◆弹（蹬）出腿低于水平	34
步型	弓步	◆前腿膝部未达脚背 ◆前腿大腿未达水平 ◆后腿脚掌任一部位明显离地 ◆后腿脚尖未内扣	50
	马步	◆大腿未达水平 ◆两脚内侧间距小于本人肩宽 ◆膝内跪 ◆脚跟离地 ◆脚尖外展超过45°	51
	虚步	◆屈蹲腿大腿未达水平 ◆屈蹲腿脚跟离地	52
	仆步	◆屈蹲腿未全蹲 ◆平铺腿未伸直 ◆平铺腿全脚掌未内扣着地	53

152

续表

类别	动作名称	错误内容	编码
步型	歇步	◆两腿未交叉靠拢 ◆臀部未贴坐小腿	54
	坐盘	◆臀部未贴坐地面 ◆脚离地	58
器械方法	挂剑、撩剑	◆直腕 ◆未明显呈立圆	60
	握剑	◆手指触及剑刃	61
	缠头、裹脑	◆刀背远离身体	62
	拦、拿、扎枪	◆拦、拿枪枪尖未明显划弧 ◆后手留把 ◆平扎枪臂与枪身未成水平直线	63
	平抡棍	◆未明显呈平圆	64
	立舞花枪、立舞花棍、双手提撩花棍	◆未明显呈立圆	65
	器械抛接	◆抱接器械 ◆未单手接握剑柄、刀柄、枪身、棍身	66

1.1.2 长拳、剑术、刀术、枪术、棍术扣分标准

● 一个动作出现一种或多种错误内容，均一次性扣 0.10 分。

● 一个组合动作出现两个以上同一器械方法错误内容，均一次性扣 0.10 分。

● 平衡动作静止时间少于 2 秒，扣 0.10 分。

● "未明显呈立（平）圆"是指剑尖或棍梢端（枪尖）运动轨迹形成的圆平面偏离垂直（水平）面超过 45°。

1.2 南拳、南刀、南棍

1.2.1 南拳、南刀、南棍动作类别、名称、错误内容及编码（表2）。

表 2 南拳、南刀、南棍动作类别、名称、错误内容及编码

类别	动作名称	错误内容	编码
手型	拳	◆拳面不平 ◆拇指未压在中指第二指节上	01
	虎爪	◆五指未弯曲分开后张 ◆掌心未凸出	02
	鹤嘴（顶）手	◆五指未捏拢 ◆屈腕	03
	单指掌（手）	◆食指未伸直 ◆其余四指未弯曲扣紧	04
腿法	前扫腿	◆支撑腿大腿高于水平 ◆扫转腿脚掌在扫转时触地后离地 ◆扫转腿弯曲超过45°	20
	横踩腿、蹬腿、虎尾腿	◆腿由屈至伸摆动小于45°	23
	转身后摆腿	◆后摆腿弯曲 ◆后摆腿脚尖未过腰	25
	提膝（独立）	◆提膝未过腰 ◆提起腿小腿未斜垂里扣 ◆提起腿脚未崩平内收	26
	横钉腿	◆摆动腿由屈至伸摆动小于45° ◆未用前脚掌向异侧横向钉击 ◆踢出脚脚尖未勾起	27
跳跃	腾空飞脚、旋风脚、腾空外摆腿	◆击响腿或摆动腿脚尖未过肩 ◆未击响	30
	侧空翻	◆空中腿弯曲超过45°	32
跌扑	腾空盘腿360°侧扑	◆摆动腿脚尖未过头	40
	腾空双侧踹	◆踹出腿未并拢伸直	42

续表

类别	动作名称	错误内容	编码
步型	弓步	◆前腿大腿低于水平或高于水平45° ◆后腿脚尖未内扣 ◆后腿脚掌任一部位明显离地	50
	马步	◆大腿低于水平或高于水平45° ◆两脚内侧间距小于本人肩宽 ◆膝内跪 ◆脚跟离地	51
	虚步	◆屈蹲腿大腿低于水平或高于水平45° ◆屈蹲腿脚跟离地	52
	仆步	◆屈蹲腿未全蹲 ◆平铺腿未伸直 ◆平铺腿全脚掌未内扣着地	53
	蝶步	◆后腿小腿内侧未着地 ◆后腿脚踝内侧未着地	55
	跪步	◆后腿膝部着地 ◆臀部未坐在后腿小腿上	56
	骑龙步	◆前腿大腿低于水平或高于水平45° ◆后腿膝部着地	57
器械方法	缠头、裹脑	◆刀背远离身体	62
	顶棍	◆把端未拄地 ◆梢端低于头	677

1.2.2 南拳、南刀、南棍扣分标准

● 一个动作出现一种或多种错误内容，均一次性扣0.10分。

● 一个组合动作出现两个以上同一器械方法错误内容，均一次性扣

0.10分。

- 腾空外摆腿可不击响。

1.3 太极拳、太极剑

1.3.1 太极拳、太极剑动作类别、名称、错误内容及编码（表3）。

表3 太极拳、太极剑动作类别、名称、错误内容及编码

类别	动作名称	错误内容	编码
手型/手法/身型	拳	◆拳面不平 ◆拇指未压在中指第二指节上	01
	掌	◆手指并拢 ◆手指伸翘 ◆虎口未成弧形 ◆掌心外凸	02
	剑指	◆食指与中指未伸直并拢 ◆拇指未压在无名指与小指上	04
	手法	◆抬肘 ◆直臂 ◆夹腋	05
	身型	◆头、身不正 ◆驼背弓腰突臀 ◆耸肩 ◆扭腰摆臀	06
平衡	低势前蹬踹脚平衡	◆支撑腿脚跟离地 ◆前腿膝部弯曲 ◆脚尖未外展	17
	前举腿低势平衡	◆屈蹲过程中前举腿弯曲或低于水平	18
	后插腿低势平衡	◆插出腿脚触地	19

续表

类别	动作名称	错误内容	编码
腿法	跌叉	◆前腿脚内扣触地 ◆后腿两大腿夹角小于45°	22
	分脚、蹬脚	◆上举腿低于水平 ◆上举腿未伸直	23
	摆莲拍脚、单拍脚	◆击响时摆动腿弯曲 ◆未击响	25
	提膝（独立）	◆提膝未过腰	26
跳跃	腾空飞脚、旋风脚、腾空摆莲	◆击响腿脚尖未过肩 ◆未击响	30
	腾空正踢腿	◆踢腿触及前额瞬间悬垂腿弯曲	31
步型/步法	弓步	◆前腿膝未达脚背或超出脚尖 ◆前腿大腿低于水平或高于水平45° ◆后腿脚掌任一部位明显离地 ◆后腿脚尖未内扣 ◆后腿跪膝	50
	马步	◆大腿低于水平或高于水平45° ◆膝内扣	51
	虚步	◆前脚脚跟着地 ◆屈蹲腿脚跟离地 ◆屈蹲腿膝与脚尖未对正	52
	仆步	◆屈蹲腿未全蹲 ◆平铺腿未伸直 ◆平铺腿全脚掌未内扣着地	53
	上步、退步、进步、跟步、侧行步	◆支撑腿膝与脚尖未对正 ◆脚拖地（特殊动作要求除外） ◆移动时重心起伏 ◆抬脚过高	59

续表

类别	动作名称	错误内容	编码
器械方法	挂剑、撩剑	◆直腕 ◆未明显成立圆	60
	握剑	◆手指触及剑刃	61
	绞剑	◆剑尖绕环明显呈立圆	68

1.3.2 太极拳、太极剑扣分标准

● 一个动作出现一种或多种错误内容，均一次性扣0.10分。

● 一个组合动作出现两个以上同一器械方法错误内容，均一次性扣0.10分。

● 一个组合动作出现两个以上同一步法错误内容，均一次性扣0.10分。

● 一个组合动作出现两个以上同一步型错误内容，均一次性扣0.10分。

● 在一个套路中，拳、掌、剑指、身型和手法任一动作多次出现错误内容，最多扣0.30分。

● 对运动员每次出现的错误内容进行扣分，电子计分系统（或无电子计分系统时的编排记录员）进行分数限制，每个动作最多扣0.30分。

● "支撑腿膝与脚尖未对正"，是指支撑腿的膝尖向内超过了脚内侧。

1.4 对练

1.4.1 对练动作类别、错误内容与编码（表4）。

表 4　对练动作类别、错误内容与编码

类别	错误内容	编码	类别	错误内容	编码
方法	远离或偏离进攻部位	90	配合	击打落空或防守落空	93
	静止姿势超过3秒	91		等待对方进攻	94
	无攻防演练超过3秒	92		误中对方	95

1.4.2　对练扣分标准

● 动作出现错误内容，扣0.10分。

● 动作错误内容均按出现的人次累计扣分。

1.5　集体项目

1.5.1　集体项目动作类别、错误内容与编码（表5）。

表 5　集体项目动作类别、错误内容与编码

类别	错误内容	编码	类别	错误内容	编码
方法	步型、腿法动作与要求不符	90	配合	对练时击打落空或防守落空	93
	跳跃、跌扑动作与要求不符	91		对练时等待对方进攻	94
	器械方法与要求不符	92		对练时误中对方	95
				同一动作不整齐	96
				队形不整齐	97

1.5.2　集体项目扣分标准

● 动作出现错误内容，扣0.10分。

● 动作错误内容均按出现的人次累计扣分。

2. 其他错误内容、扣分标准与有关规定

2.1　其他错误类别、内容及扣分标准与编码（表6）。

表6 其他错误类别、内容及扣分标准与编码

类别	内容及扣分标	编码
失去平衡	◆躯干晃动,脚移动或跳动(扣0.10分)	70
	◆附加支撑(扣0.20分)	71
	◆倒地(扣0.30分)	72
器械服饰	◆器械触地、脱把、碰身、变形(扣0.10分)	73
	◆器械折断(扣0.20分)	74
	◆器械掉地(扣0.30分)	75
	◆刀彩、剑穗、枪缨、服饰、头饰掉地;刀彩、剑穗、软器械缠手(缠身);服装开纽或撕裂;鞋脱落(扣0.10分)	76
其他	◆平衡静止时间不足(扣0.10分)	77
	◆身体任何部位触及线外地面(扣0.10分)	78
	◆遗忘(扣0.10分)	79

2.2 其他错误有关规定

● 晃动:是指由于身体失去平衡造成躯干双向或多向位移。

● 移动:是指双脚或单脚或一脚一腿支撑时,任何一脚出现的位移。

● 跳动:支撑脚(单脚或双脚)出现悬空状态,判定为跳动。

● 附加支撑:是指由于身体失去平衡造成手、肘、膝或非支撑脚触地,或被动借助器械支撑。

● 倒地:是指由于身体失去平衡造成头、臂、肩、背、臀任一部位触地,或其他任何两个或两个以上身体部位同时触地,或其他任何一个身体部位触地的同时被动借助器械支撑。

● 器械碰身:运动过程中器械触及身体任一部位,判定为器械

碰身。

- 器械变形：是指器械弯曲变形角度超过45°。
- 出界：身体任一部位触及线外地面，判定为出界。而器械接触线外地面或身体某一部分在空间超越了场地，不应判为出界。
- 平衡静止时间：以首次出现静止状态时开始计时，仅适用于长拳、剑术、刀术、枪术和棍术项目。
- 遗忘：运动过程中出现不应有的停顿、中断或动作混乱，判定遗忘。
- 在一个动作中连续出现两个以上其他错误，应累计扣分。
- 以上错误均按出现的人次累计扣分。

第二节 演练水平的评分

1. 有难度项目演练水平等级分的评分

1.1 有难度项目演练水平档次的划分、级别与分数段的确定及评分标准（表7）。

表7 有难度项目演练水平档次、级别、分数段及评分标准

档次	级别	分数段	评分标准
好	一级	2.91~3.00	动作规范，方法正确，劲力充足，用力顺达，力点准确，手眼身法步及身械配合协调，节奏分明，风格突出，动作与音乐和谐一致为"好"
	二级	2.71~2.90	
	三级	2.51~2.70	
一般	四级	2.31~2.50	动作较规范，方法较正确，劲力较充足，用力较顺达，力点较准确，手眼身法步及身械配合较协调，节奏较分明，风格较突出，动作与音乐较和谐一致为"一般"
	五级	2.11~2.30	
	六级	1.91~2.10	

续表

档次	级别	分数段	评分标准
不好	七级	1.61~1.90	动作不规范，方法不正确，劲力不充足，用力不顺达，力点不准确，手眼身法步及器械配合不协调，节奏不分明，风格不突出，动作与音乐不和谐一致为"不好"
	八级	1.31~1.60	
	九级	1.01~1.30	

2. 无难度的项目、对练和集体项目演练水平等级分的评分

2.1 无难度的项目、对练和集体项目演练水平档次的划分、级别与分数段的确定及评分标准（表8）。

表8 无难度的项目、对练和集体项目演练水平档次、级别、分数段及评分标准

档次	级别	分数段	评分标准
好	一级	4.81~5.00	动作规范，方法正确，劲力充足，用力顺达，力点准确，手眼身法步及身械配合协调，节奏分明，风格突出，动作与音乐和谐一致为"好"
	二级	4.51~4.80	
	三级	4.21~4.50	
一般	四级	3.81~4.20	动作较规范，方法较正确，劲力较充足，用力较顺达，力点较准确，手眼身法步及身械配合较协调，节奏较分明，风格较突出，动作与音乐较和谐一致为"一般"
	五级	3.41~3.80	
	六级	3.01~3.40	
不好	七级	2.51~3.00	动作不规范，方法不正确，劲力不充足，用力不顺达，力点不准确，手眼身法步及身械配合不协调，节奏不分明，风格不突出，动作与音乐不和谐一致为"不好"
	八级	2.01~2.50	
	九级	1.51~2.00	

注：在使用电子计分系统时，裁判员可以参照"有难度项目演练水平等级分的评分标准"给运动员输入1.01~3.00分，系统将会自动给每个裁判员加2.00分。

第三节 难度的评分

1. 难度编码识别

1.1 平衡、腿法动作的难度编码识别（表9）

表9 平衡、腿法动作的难度编码识别

类别	一级编码	状态	二级编码	腿式	三级编码	四级编码
平衡	1	直立	1	搬	1	A
腿法	2	仰身	2	踢	2	B
		俯身	3	控	3	C
		屈蹲	4	扫	4	
		侧身	5			
		拧身	6			

1.2 跳跃、跌扑动作的难度编码识别（表10）

表10 跳跃、跌扑动作的难度编码识别

类别	一级编码	状态	二级编码	腿式	三级编码	四级编码
跳跃	3	直体	1	无	1	A
跌扑	4	垂转	2	前上	2	B
		矢转	3	向内	3	C
		额转	4	向外	4	
		复转	5	向前	5	
		旋	6	向后	6	
				向下	7	

1.3 连接动作、抛接动作的难度编码识别（表 11）

表 11 连接动作、抛接动作的难度编码识别

仆步	+0	坐盘	+6
马步	+1	弓步	+7
蝶步	+2	单脚落地	+8
提膝独立	+3	抛+接	+9
跌竖叉	+4	剪势	+10
跌叉	+5	蝎势	+11

2. 难度内容及等级与分值确定

2.1 动作难度内容及等级与分值确定

2.1.1 长拳、剑术、刀术、枪术、棍术动作难度内容、等级、分值与编码的确定（表 12）。

表 12 长拳、剑术、刀术、枪术、棍术动作难度内容、等级、分值与编码

类别	内容、等级、分值、编码					
	A 级（0.20 分）	编码	B 级（0.30 分）	编码	C 级（0.40 分）	编码
平衡	搬腿朝天直立	111A	十字平衡	133B	后踢抱脚直立	112C
	侧踢抱脚直立	112A				
	仰身平衡	123A				
	探海平衡	153A				
	望月平衡	163A				
腿法	前扫腿 540°	244A	前扫腿 900°	244B		

续表

类别	内容、等级、分值、编码					
	A级（0.20分）	编码	B级（0.30分）	编码	C级（0.40分）	编码
跳跃	腾空飞脚（斜飞脚、双飞脚）	312A	腾空正踢腿	312B		
	旋风脚360°	323A	旋风脚540°	323B	旋风脚720°	323C
	腾空摆莲360°	324A	腾空摆莲540°	324B	腾空摆莲720°	324C
	旋子	333A	旋子转体360°	353B	旋子转体720°	353C
	侧空翻	335A	侧空翻转体360°	355B		

2.1.2 南拳、南刀、南棍动作难度内容、等级、分值与编码的确定（表13）。

表13 南拳、南刀、南棍动作难度内容、等级、分值与编码

类别	内容、等级、分值、编码					
	A级（0.20分）	编码	B级（0.30分）	编码	C级（0.40分）	编码
腿法	前扫腿540°	244A	前扫腿900°	244B		
跳跃	腾空飞脚	312A				
	旋风脚360°	323A	旋风脚540°	323B	旋风脚720°	323C
	腾空外摆腿360°	324A	腾空外摆腿540°	324B	腾空外摆腿720°	324C
	侧空翻	335A				
	原地后空翻	346A	单跳后空翻	346B		

续表

类别	内容、等级、分值、编码					
	A 级（0.20 分）	编码	B 级（0.30 分）	编码	C 级（0.40 分）	编码
跌扑	腾空双侧踹	415A				
	腾空盘腿 360°侧扑	423A				
	鲤鱼打挺	447A				

2.1.3 太极拳、太极剑动作难度内容、等级、分值与编码的确定（表14）。

表 14 太极拳、太极剑动作难度内容、等级、分值与编码

类别	内容、等级、分值、编码					
	A 级（0.20 分）	编码	B 级（0.30 分）	编码	C 级（0.40 分）	编码
平衡	低势前蹬踩脚平衡	142A				
	前举腿低势平衡	143A	后插腿低势平衡	143B		
腿法	分脚/蹬脚	212A				
跳跃	腾空飞脚	312A	腾空正踢腿	312B		
	旋风脚 180°	323A	旋风脚 360°	323B	旋风脚 540°	323C
			腾空摆莲 360°	324B	腾空摆莲 540°	324C
					腾空摆莲 450°（女子）	324C

2.2 连接难度内容及等级与分值确定

2.2.1 长拳、剑术、刀术、枪术、棍术连接难度内容、等级、分值与编码的确定（表15）。

2.2.2 南拳、南刀、南棍连接难度内容、等级、分值与编码的确定（表16）。

2.2.3 太极拳、太极剑连接难度内容、等级、分值与编码的确定（表17）。

表 15 长拳、剑术、刀术、枪术、棍术连接难度内容、等级、分值与编码

内容、等级、分值、编码

A 级 (0.10 分)	编码	B 级 (0.15 分)	编码	C 级 (0.20 分)	编码	D 级 (0.25 分)	编码
前扫腿 540°+坐盘	244A+6	腾空飞脚+（1步内）侧空翻	312A+335A	旋风脚 540°+提膝独立	323B+3	旋风脚 720°+跌竖叉	323C+4
腾空飞脚+坐盘	312A+6	旋风脚 360°+提膝独立	323A+3	旋风脚 720°+马步	323C+1	腾空摆莲 720°+马步	324C+1
旋风脚 360°+马步	323A+1	旋风脚 360°+（4步内）旋子转体 720°	323A+353C	腾空摆莲 540°+仆步	324B+0	旋子转体 720°+跌竖叉	353C+4
旋风脚 360°+跌竖叉	323A+4	旋风脚 540°+马步	323B+1	腾空摆莲 540°+提膝独立	324B+3		
旋风脚 360°+坐盘	323A+6	旋风脚 540°+跌竖叉	323B+4	旋子转体 360°+（4步内）旋风脚 720°	353B+323C		
腾空摆莲 360°+马步	324A+1	腾空摆莲 360°+提膝独立	324A+3				

续表

A 级 (0.10分)	编码	B 级 (0.15分)	编码	C 级 (0.20分)	编码	D 级 (0.25分)	编码
腾空摆莲360°+ 跌竖叉	324A+4	腾空摆莲540°+ 马步	324B+1				
腾空摆莲360°+ 坐盘	324A+6	旋子+ 前扫腿540°	333A+244A				
腾空摆莲360°+ 弓步	324A+7	抛+ 旋风脚360°+ 接	323A+9				
旋子+坐盘	333A+6	抛+ 腾空摆莲360°+ 接	324A+9				
侧空翻+ 跌竖叉	335A+4						
旋子转体360°+ 跌竖叉	353B+4						
抛+ 腾空飞脚+接	312A+9						
抛+抢背+接	445A+9						

表16 南拳、南刀、南棍连接难度内容、等级、分值与编码

内容、等级、分值、编码

A级 (0.10分)	编码	B级 (0.15分)	编码	C级 (0.20分)	编码	D级 (0.25分)	编码
腾空飞脚+提膝独立	312A+3	旋风脚540°+马步	323B+1	旋风脚360°+提膝独立	323A+3	旋风脚720°+马步	323C+1
旋风脚360°+蝶步	323A+1	旋风脚540°+蝶步	323B+2	旋风脚360°+(2步内)单跳后空翻	323A+346B	腾空外摆腿720°+马步	324C+1
旋风脚360°+马步	323A+2	腾空外摆腿540°+马步	324B+1	腾空外摆腿360°+提膝独立	324A+3		
旋风脚360°+(2步内)腾空飞脚	323A+312A	单跳后空翻+蝶步	346B+2	腾空外摆腿540°+仆步	324B+0		
腾空外摆腿360°+马步	324A+1	鲤鱼打挺+蝶步	447A+2	单跳后空翻+蝎势	346B+11		
侧空翻+剪势	335A+10						
原地后空翻+蝶步	346A+2						

表 17 太极拳、太极剑连接难度内容、等级、分值与编码

A级 (0.10分)	编码	B级 (0.15分)	编码	C级 (0.20分)	编码	D级 (0.25分)	编码
低势前趟踩脚平衡+转体180°成提膝独立	142A+3	后插腿低势平衡+摆莲脚转体180°成提膝独立	143B+3	旋风脚360°+提膝独立	323B+3	旋风脚540°+提膝独立	323C+3
前举腿低势平衡180°成提膝独立	143A+3	后插腿低势平衡+蹬脚/分脚	143B+212A	腾空摆莲360°+提膝独立	324B+3	腾空摆莲540°+提膝独立	324C+3
前举腿低势平衡+蹬脚/分脚	143A+212A	腾空飞脚+腾空摆莲540°	312A+324C	腾空摆莲540°+跌叉	324C+5		
腾空飞脚+提膝独立	312A+3	腾空飞脚+腾空摆莲450°(女子)	312A+324C	腾空摆莲450°+跌叉(女子)	324C+5		
腾空飞脚+腾空摆莲360°	312A+324B	腾空正踢腿+起跳脚落地	312B+8				
旋风脚180°+提膝独立	323A+3	腾空摆莲360°+跌叉	324B+5				

续表

A级 (0.10分)	编码	B级 (0.15分)	编码	C级 (0.20分)	编码	D级 (0.25分)	编码
旋风脚360°+ 起跳脚落地	323B+8						
腾空摆莲360°+ 起跳脚落地	324B+8						

3. 难度完成不符合规定的确认与有关规定

3.1 长拳、剑术、刀术、枪术、棍术

3.1.1 长拳、剑术、刀术、枪术、棍术难度完成不符合标准的确认（表18）。

表18 长拳、剑术、刀术、枪术、棍术难度类别、内容及完成不符合标准的确认

难度	类别	内容	不符合标准的确认
动作难度	平衡	搬腿朝天直立；侧踢抱脚直立；十字平衡	◆上举腿未达垂直
		后踢抱脚直立	◆后举腿未达垂直 ◆未从肩后抓抱踢起脚
		仰身平衡	◆躯干高于水平45°
		探海平衡	◆两腿夹角不足135°
		望月平衡	◆后举腿大腿低于水平45°
	腿法	前扫腿540°，900°	◆扫转度数不足
	跳跃	腾空正踢腿	◆助跑超过4步 ◆未腾空 ◆上踢腿脚尖未触及前额
		腾空飞脚（斜飞脚、双飞脚）	◆助跑超过4步 ◆未腾空 ◆击响腿低于水平
		旋风脚360°、540°、720°；腾空摆莲360°、540°、720°	◆助跑超过4步 ◆未腾空 ◆转体度数不足 ◆击响腿低于水平
		旋子、侧空翻	◆助跑超过4步 ◆未腾空
		旋子转体360°、720°；侧空翻转体360°	◆助跑超过4步 ◆未腾空 ◆转体度数不足

续表

难度	类别	内容	不符合标准的确认
连接难度	动动连接	腾空飞脚+侧空翻	◆跳跃动作之间的助跑步数超过1步
		旋风脚360°+旋子转体720°	◆跳跃动作之间的助跑步数超过4步
		旋子+前扫腿540°	◆动作之间明显停顿
	动静连接	旋风脚360°、540°、720°/腾空摆莲360°、540°、720°+马步;腾空摆莲360°+弓步;腾空摆莲540°+仆步	◆两脚依次落地 ◆脚移动、跳动 ◆附加支撑 ◆倒地
		旋风脚360°、540°、720°/腾空摆莲360°/旋子转体360°、720°/侧空翻+跌竖叉	◆两腿依次落地 ◆滑叉 ◆附加支撑 ◆倒地
		旋风脚360°、540°/腾空摆莲360°、540°+提膝独立	◆击响脚未单脚落地 ◆落地时脚移动或跳动 ◆提膝腿脚触地
		腾空飞脚/旋风脚360°/腾空摆莲360°/旋子+坐盘	◆动作之间明显停顿 ◆两大腿未交叉 ◆附加支撑 ◆倒地
		前扫腿540°/旋子+坐盘	◆动作之间明显停顿 ◆两大腿未交叉 ◆附加支撑 ◆倒地
	嵌套连接	抛+抢背/腾空飞脚/旋风脚360°/腾空摆莲360°+接	◆抢背后,手、臀、膝未离地 ◆未接握住器械或接抓刀彩、剑穗

3.1.2 长拳、剑术、刀术、枪术、棍术难度完成的有关规定

3.1.2.1 度数的规定

● 跳跃动作转体两脚落地或跳跃动作转体下落接弓步、马步、仆

步、跌竖叉，均以起跳时两脚之间连线和落地时两脚之间连线的夹角来计算转体度数。

● 跳跃动作转体单脚落地，均以该脚起跳时和落地时脚尖与脚跟连线的延长线的夹角来计算转体度数。

● 扫转性腿法的扫转度数，均以扫转腿的脚的起止转动度数来计算扫转度数。

3.1.2.2　助跑步数的规定

● 323A+353C、353B+323C 的步数，以前一个跳跃动作两脚落地后的任何一脚上步开始计算。

● 312A+335A 的步数，以前一个跳跃动作一脚落地后的任何一脚上步开始计算。

● 跳跃类动作起跳前朝一个方向（包括弧线）助跑，从任何一脚上步开始计算，一脚落地即为一步。

3.1.2.3　难度连接的规定

● 323B 下落必须连接跌竖叉或提膝独立。

● 323C 下落必须连接马步或跌竖叉。

● 324B 下落必须连接马步、仆步或提膝独立。

● 324C 下落必须连接马步。

● 353C 下落必须连接跌竖叉。

3.1.2.4　评判的规定

● 动作难度未完成，其之前和之后的连接难度均不予确认。

● 连接动作形式被改变，动作难度和连接难度均不予确认。

● 单脚落地时，击响（踢起）脚和落地脚应为同一脚。

● 动静连接的连接动作完成时必须呈静止状态。

● 借助器械撑地完成平衡动作难度，其动作难度不予确认。

● 器械套路中的套嵌连接只能选做一种。

3.2 南拳、南刀、南棍

3.2.1 南拳、南刀、南棍难度完成不符合规定的确认（表19）。

表19 南拳、南刀、南棍难度类别、内容及完成不符合标准的确认

难度	类别	内容	不符合标准的确认
动作难度	腿法	前扫腿540°、900°	◆扫转度数不足
	跳跃	腾空飞脚	◆助跑超过2步 ◆未腾空 ◆击响腿低于水平
		旋风脚360°、540°、720°； 腾空外摆腿360°、540°、720°	◆助跑超过4步 ◆未腾空 ◆转体度数不足 ◆击响（外摆）腿低于水平
		侧空翻	◆助跑超过2步 ◆未腾空
		原地后空翻	◆起跳前脚移动 ◆落地时手撑地
		单跳后空翻	◆助跑超过2步 ◆落地时手撑地
	跌扑	腾空双侧踹	◆助跑超过4步 ◆踹出腿低于水平
		腾空盘腿360°侧扑	◆助跑超过4步 ◆转体度数不足
		鲤鱼打挺	◆手撑扶地面

续表

难度	类别	内容	不符合标准的确认
连接难度	动动连接	旋风脚360°+腾空飞脚；旋风脚360°+单跳后空翻	◆跳跃动作之间的助跑步数超过2步
	动静连接	旋风脚360°、540°、720°/腾空外摆腿360°、540°、720°+马步；腾空外摆腿540°+仆步	◆两脚依次落地 ◆脚移动或跳动 ◆附加支撑 ◆倒地
		旋风脚360°、540°/原地后空翻/单跳后空翻/鲤鱼打挺+蝶步	◆两脚依次落地 ◆落地后再成蝶步 ◆脚移动或跳动 ◆附加支撑 ◆倒地
		腾空飞脚/旋风脚360°/腾空外摆腿360°+提膝独立	◆击响（外摆）腿未单脚落地 ◆脚移动或跳动 ◆提膝腿脚触地
		侧空翻+剪势	◆两腿依次落地 ◆附加支撑 ◆倒地
		单跳后空翻+蝎势	◆手与脚依次落地 ◆后举腿触地 ◆附加支撑 ◆倒地

3.2.2 南拳、南刀、南棍难度完成的有关规定

3.2.2.1 度数的规定

● 跳跃动作转体两脚下落或跳跃动作转体下落接做步型，均以起跳时两脚之间连线和落地时两脚之间连线的夹角来计算转体度数。

● 跳跃动作转体单脚落地，均以该脚起跳时和落地时脚尖与脚跟连线的延长线的夹角来计算转体度数。

● 扫转性腿法的扫转度数，均以扫转腿的脚的起止转动度数来计算

扫转度数。

3.2.2.2 助跑步数的规定

● 323A+312A、323A+346B 的步数,以前一个跳跃动作一脚落地后的任何一脚上步开始计算。

● 跳跃类动作起跳前朝一个方向(包括弧线)助跑,从任何一脚上步开始计算,一脚落地即为一步。

3.2.2.3 动静连接难度的规定

● 连接动作必须连接马步、蝶步、仆步、提膝独立、剪势、蝎势。

3.2.2.4 评判的规定

● 动作难度未完成,其之前和之后的连接难度均不予确认。

● 连接动作形式被改变,动作难度和连接难度均不予确认。

● 单脚落地时,击响(踢起)脚和落地脚应为同一脚。

● 动静连接的连接动作完成时必须呈静止状态。

● 324A、324B、324C 可以不击响。

3.3 太极拳、太极剑

3.3.1 太极拳、太极剑难度完成不标准规定的确认(表20)。

表20 太极拳、太极剑难度类别、内容及完成不符合标准的确认

难度	类别	内容	不符合标准的确认
动作难度	平衡	低势前蹬踩脚平衡	◆支撑腿大腿高于水平 ◆前蹬踩脚触地
		前举腿低势平衡;后插腿低势平衡	◆支撑腿大腿高于水平 ◆手扶按支撑腿
		分脚、蹬脚	◆上举腿脚跟低于肩
	跳跃	腾空飞脚	◆助跑超过1步 ◆未腾空 ◆击响腿低于水平

续表

难度	类别	内容	不符合标准的确认
动作难度	跳跃	腾空正踢腿	◆助跑超过1步 ◆未腾空 ◆上踢腿脚尖未触及前额
		旋风脚180°、360°、540°	◆助跑超过1步 ◆未腾空 ◆转体度数不足 ◆击响腿低于水平
连接难度	动动连接	腾空飞脚+腾空摆莲360°	◆跳跃动作之间出现助跑
	动静连接	腾空正踢腿/旋风脚360°/腾空摆莲360°+起跳脚落地	◆击响（踢起）腿未单脚落地 ◆脚移动或跳动
		腾空飞脚/旋风脚180°、360°、540°/腾空摆莲360°、540°+提膝独立	◆击响腿未单脚落地 ◆脚移动或跳动 ◆提膝腿脚触地
	静静连接	腾空摆莲360°、450°、540°+跌叉	◆两腿依次落地 ◆腿移动 ◆附加支撑 ◆倒地
		低势前蹚踩脚平衡/前举腿低势平衡+转体180°成提膝独立；后插腿低势平衡+摆莲脚转体180°成提膝独立	◆连接过程中出现躯干晃动 ◆转体度数不足 ◆连接过程中提膝低于水平 ◆提膝腿脚触地 ◆提膝时脚移动或跳动
	静动连接	前举腿低势平衡+蹬脚/分脚	◆连接过程中出现躯干晃动 ◆提起腿脚触地 ◆支撑腿脚移动或跳动

3.3.2 太极拳、太极剑难度完成的有关规定

3.3.2.1 度数的规定

● 跳跃动作转体下落接做跌叉，均以起跳时击响腿脚尖与脚跟连线的延长线和落地时摆动腿轴线的延长线的夹角来计算转体度数。

● 跳跃动作转体单脚落地，均以该脚起跳时和落地时脚尖与脚跟连线的延长线的夹角来计算转体度数。

● 静静连接，均以支撑脚转体前和转体后脚尖与脚跟连线的延长线的夹角来计算转体度数。

3.3.2.2 助跑步数的规定

● 312A+324B、312A+324C 必须在前一个跳跃动作两脚同时落地后直接起跳。

● 静静连接不能上步。

3.3.2.3 难度连接的规定

● 312A+324B（或324C）下落必须连接跌叉（左腿在前）。

● 连接跌叉只能选做一次。

3.3.2.4 评判的规定

● 动作难度未完成，其之前和之后的连接难度均不予确认。

● 连接动作形式被改变，动作难度和连接难度均不予确认。

● 单脚落地时，击响（踢起）脚和落地脚应为同一脚。

● 平衡动作和动静连接的连接动作完成时必须呈静止状态。

第四节 编排的评分

1. 编排扣分的内容与扣分标准（表21）

表21 编排扣分的类别、内容及扣分标准与编码

类别	内容及扣分标准	编码
内容	◆自选套路：每减少或改变一个规定动作 ◆规定套路：每增加、减少或改变一个规定动作（扣0.20分）	80
	◆规定套路：每增加或减少一步	81
	◆南拳规定套路：未按规定发声或每增加或减少一次发声（扣0.20分）	82
结构布局	◆静止姿势（平衡动作除外）停顿时间超过3秒或太极拳、太极剑难度动作前出现停顿	83
	◆规定套路：长拳、南拳及其器械动作每偏向超过45°，太极拳、太极剑动作每偏向超过90°	84
音乐	◆要求配乐的项目未配乐或配乐伴有说唱（扣0.50分）	85

注：运动员做规定动作的技术方法与规定动作的技术要求明显不符，确定为改变规定动作。

附件 评分操作

第一节 基本要求

裁判员应熟练掌握各项目动作分类方法和分类编码，熟记踪度确认方法和扣分标准，现场做到反应及时、评断准确、操作正确的基本要求。

裁判员应注意紧跟运动员现场演练的节奏，抓好动态（跟踪动作的全过程）、静态（观察动作姿态）、动态与静态之间（静态—动态—静态）等各时间段的难度完成情况和出现的动作错误、其他错误及编排错误，按照各自岗位的职责，力求做到评判准确无误。

第二节 电子评分操作

1. A 组评分裁判员

A 组评分裁判员根据运动员现场完成的动作质量情况，如发现动作错误内容，迅速按键确认，同时将扣分编码准确地记录在动作质量评分记录表上。在运动员完成全套动作后，按先后顺序输入扣分编码，按回车键进行确认，评判结束。

当运动员在比赛中一个动作同时出现多种错误时，现场扣分顺序应按照以下方法进行，即先扣动作错误的分，后扣其他错误的分；先扣下肢动作错误的分，后扣上肢动作错误的分；先扣肢体动作错误的分，再扣器械方法错误的分。

2. B 组评分裁判员

B 组评分裁判员根据运动员的整套完成情况，按照演练水平评分标准中的三档九级分数段，经纵向比较后将确定的演练水平等级分记录在演练水平评分记录表上。在运动员演练结束后，迅速在键盘上输入分数，按回车键进行确认，评判结束。

3. C 组评分裁判员

C 组评分裁判员根据运动员申报的难度动作和连接动作在套路中的先后编排顺序，与运动员现场演练的难度动作和连接动作按顺序逐一进行同步对照，对申报与演练一致并符合标准的按"确认键"予以确认，对申报与演练不一致或不符合标准的按"不确认键"不予以确认。完成对运动员所有难度评判后，按回车键进行确认，评判结束。

4. 套路检查员

套路检查员根据运动员现场演练的动作与运动员自选项目申报的动作或规定项目的动作，按顺序逐一进行同步对照检查。若一致，按"确认键"予以确认；若不一致，按"不确认键"不予以确认。完成对运动员整套动作检查后，按回车键进行确认，评判结束。

5. 裁判长

裁判长根据套路检查员提示,回放该运动员的比赛视频并迅速做出评判。若确认运动员出现编排方面的错误,应将编排扣分的编码记录在套路检查记录表中,然后在键盘上输入编排扣分编码,按回车键进行确认,评判结束。

如果出现"裁判长的扣分"或"创新难度的加分"的内容,经检查无误后,按回车键进行确认,评判结束。

6. 最后得分的确定与示分

电子计分系统按照规则自动计算出运动员的最后得分,最后得分在显示屏上公开示分。

第三节　手记评分操作

1. A 组评分裁判员

当运动员演练时出现动作错误和其他错误时,A 组评分裁判员应在该动作错误出现后迅速在动作质量评分记录表中记录扣分编码及分值。在运动员完成全套动作后,将记录下来的扣分编码按顺序书写在示分牌上,听候裁判长的指令进行公示。编排记录员将每一位 A 组评分裁判员的评判结果收集汇总,对至少两人确定的相同的扣分编码进行统计,计算出动作质量应扣分,然后按规则换算成运动员的动作质量应得分。

2. B 组评分裁判员

B 组评分裁判员根据运动员的整套完成情况,按照演练水平评分标准中的三档九级分数段,经纵向比较后将确定的演练水平等级分记录在演练水平评分记录表上和写在示分牌上,听候裁判长的指令进行公示。编排记录员将每一位 B 组评分裁判员的评判结果收集汇总,计算出演练水平应得分。

3. C 组评分裁判员

C 组评分裁判员根据运动员申报的难度动作和连接动作在套路中的

先后编排顺序，与运动员临场演练的难度动作和连接动作按顺序逐一进行同步对照确认。对符合要求的难度画"√"予以确认，对不符合要求的难度画"×"不予确认。在运动员完成整套动作后，将记录下来的难度确认结果书写在示分牌上，听候裁判长的指令进行公示。编排记录员将每一位 C 组评分裁判员的评判结果收集汇总，对至少两人同时确认的难度进行统计，累计算出运动员的难度应得分。

4. 套路检查员

套路检查员根据运动员现场演练的动作与运动员自选项目申报的动作或规定项目的动作，按顺序逐一进行同步对照检查。对完成的动作画"√"予以确认，对缺少或不符合编排要求的动作画"×"不予确认。在运动员完成整套动作后，将记录下来的结果传递给裁判长进行确认。

5. 裁判长

裁判长将确认的编排扣分的编码，完成套路时间不足或超出规定的扣分，以及"创新难度的加分"书写在示分牌上进行公示。编排记录员对裁判长的扣分和加分进行统计，分别累计算出裁判长的扣分和加分。

6. 最后得分的确定与示分

编排记录员按照规则计算出运动员的最后得分，并将最后得分书写在示分牌上公开示分。